Christian Schuldt

Klatsch!

Vom Geschwätz im Dorf
zum Gezwitscher im Netz

Insel Verlag

Einbandabbildung: © megafon – studentisches Theaterfestival

Satz: TypoForum GmbH, Seelbach
Druck: Memminger MedienCentrum AG
Printed in Germany
Erste Auflage 2009
ISBN 978-3-458-17457-8

1 2 3 4 5 6 – 14 13 12 11 10 09

Klatsch!

Inhalt

Vorwort

> Der ganze menschliche Verkehr ruht darauf, dass jeder vom andren etwas mehr weiß, als dieser ihm willentlich offenbart, und vielfach solches, dessen Erkanntwerden durch den anderen, wenn jener es wüsste, ihm unerwünscht wäre. (*Georg Simmel*)

> There is only one thing in the world worse than being talked about, and that is not being talked about. (*Oscar Wilde*)

Die Klatschkultur hat Hochkonjunktur. Klatschblätter sind als »People-Magazine« salonfähig geworden, im Fernsehen wimmelt es von Promi- und Infotainment-Formaten, die »Leute«-Teile wachsen auch in seriösen Zeitungen stetig an. In der Mediengesellschaft boomt der Boulevard, und das Internet hat die Klatschkultur globalisiert und auf eine qualitativ völlig neue Ebene gehoben. Es besteht kein Zweifel: Wir sind klatschsüchtig. Warum aber ist Klatsch gerade für den modernen Menschen so wichtig? Wie hat sich die Klatschkultur im Laufe der Jahrhunderte entwickelt? Und was unterscheidet den Klatschboom im 21. Jahrhundert vom »klassischen« Klatsch? Diese Fragen haben mich seit einigen Jahren beschäftigt, spätestens seit ich für die Online-Redaktion der »Bunte« zu arbeiten begann. Die Reaktionen von Freunden und Familie auf meinen damaligen Job waren eigenartig gespalten. Einerseits ungläubig-abwertend nach dem Motto »Warum gibst du dich mit so einem oberflächlichen Quatsch ab?«, andererseits immer auch deutlich interessiert an einem Blick durchs Schlüsselloch in das Betriebszentrum eines mächtigen Klatschmediums – und meistens gepaart mit expliziten Nachfragen zum neuesten Klatsch und Tratsch über Britney Spears, Angelina Jolie & Co.

Für mich bedeutete der Wechsel vom News-Journalismus ins Promi-Metier damals eine echte Bereicherung. Statt des drögen Umschreibens von Agenturmeldungen galt es, ergreifende und abenteuerliche Geschichten zu erzählen. Als studierter Literaturwissenschaftler und Soziologe fand ich das ebenso unterhaltsam wie faszinierend. Denn ich entdeckte viele Parallelen zwischen dem »Klatschjournalismus« und dem vermeintlich »seriösen« Journalismus, die letztlich beide mit den gleichen dramaturgischen Mitteln um Aufmerksamkeit kämpfen. Und weil ich von Niklas Luhmann gelernt hatte, wie die Massenmedien die Wirklichkeit formen, erkannte ich, dass unsere Welt zum Großteil aus Klatsch besteht. Ob im Büro, an der Börse, in der Werbung, in Politik oder Wissenschaft, in den Klatschgazetten oder im Internet: Klatsch ist ein Gleitmittel der Gesellschaft. Klatsch weckt Neugierde, entfacht Sensationslust und Schadenfreude, bestätigt Ängste, Misstrauen, Ressentiments und Wunschdenken, dient der Statuserhöhung, macht Machtlose mächtig und schweißt Klatschende zu Komplizen zusammen. Mit all dem stiftet Klatsch Gemeinschaft und übt soziale Kontrolle aus. Dieses schillernde soziale Phänomen wollte ich näher erkunden.

Hilfreich bei dieser Expedition in das Reich des Klatsches waren auch jene Klatschgeschichten, die selbst Klatschgeschichte schrieben und in unserem kollektiven Gedächtnis verwurzelt sind. Sie zeigen, dass geklatscht wird, seit es Menschen gibt. Schon die alten Ägypter beispielsweise hinterließen hieroglyphische Klatschinschriften. Die Antike überliefert uns den Mythos der Klatschgöttin Fama – eine gefiederte Bestie mit zahlreichen Augen, Zungen und Ohren. Und auch in der Bibel war am Anfang der Klatsch: Die geschwätzige Schlange verführte Adam und Eva, sich am Baum der Erkenntnis zu versündigen. Seit jeher ist die Spezies Mensch dem Klatsch verfallen, von den mittelalterlichen Waschplätzen, an denen die Frauen die schmutzige Wäsche »klatschten«, bis zu den autobiografischen Selbstentblößungen eines Dieter Bohlen, von den skandalösen Tagebüchern der Brüder Goncourt bis zu den großen Klatscherzählungen der Moderne wie dem Tod Lady Dianas oder der Lewinsky-Affäre. Im Zeitalter des Internet hat Klatsch jedoch eine völlig neue Qualität gewonnen. Im Netz lassen sich beliebige Themen beliebig verbreiten, nie zuvor konnten so viele Menschen so viele andere Menschen erreichen, Gemeinschaften bilden, Geschichten streuen, kurz: miteinander klatschen. Paparazzifotos werden im Sekundentakt online gestellt, verwackelte Videoclips sind zuerst auf YouTube zu sehen, bevor sie im Fernsehen laufen. Das Internet hat die Verbreitung von Klatsch radikal beflügelt und beschleunigt. Dieser Medienumbruch prägt sämtliche Bereiche unserer Gesellschaft. In der Wirtschaft etwa ist der offene Austausch, das Geschwätz mit den Konsumenten, erfolgsentscheidend geworden. In der Wissenschaft wird die klatschgerechte Inszenierung von Wissen wichtiger als das Wissen selbst. Unser gesamter »digitaler Lifestyle«, der auch das Flatrate-Phänomen der permanenten Internet- und Handybereitschaft umfasst, wird bestimmt von der Kraft des Klatsches.

Diese neuartigen Klatschverhältnisse sowie die zentrale Rolle, die der Klatsch für unsere Gesellschaft spielt, möchte ich in diesem Buch beschreiben. Dafür gilt es auch die Wandlungen nachzuzeichnen, die diese archaische Kulturpraxis auf ihrem Weg ins 21. Jahrhundert erlebt hat. Wie entstand die menschliche Klatschlust, wie hat sie sich weiterentwickelt, wie ist der Klatsch »erwachsen« geworden?

Im ersten Kapitel geht es daher zunächst um die biologischen und kulturellen Grundlagen des Klatsches, also um die Frage: Warum klatschen wir überhaupt? Dabei hilft ein

Blick auf die Klatschhistorie, vom Geschwätz der Waschfrauen bis zum Kaffeehaus-Klatsch der Businessmen im 18. Jahrhundert, und auf die Frage: Warum wird Klatsch eigentlich traditionellerweise mit dem weiblichen Geschlecht verbunden?

Anschließend wird die Macht des Klatsches ins Visier genommen. Klatsch übt eine Art Sozialkontrolle aus, etwa in Form von Geheimwissen, das Statusgewinne verspricht. Klatsch dient der Bestechung oder kann als sanfter Zwang zum Konformismus eingesetzt werden, der im schlimmsten Fall zur Sündenbockjagd mutiert.

Das dritte Kapitel ist der Klatsch-Wirklichkeit der Massenmedien gewidmet: Mit welchen Tricks operiert die Klatschpresse im globalen Geschäft des Promi-Klatsches? Welche Bedeutung hat Prominenz heute, welche neuartigen Formen der Starkultur haben sich entwickelt? Anschließend surfen wir durch die Online-Klatschgesellschaft. Die neuen Medien bauen auf die Klatschkraft der kollektiven Intelligenz und öffnen völlig neue Klatsch-Dimensionen – ein idealer, grenzenloser Nährboden für Klatsch und Gerücht.

Von dieser Warte aus kann dann die Klatschgesellschaft im 21. Jahrhundert unter die Lupe genommen werden: von der politischen Klatsch-PR bis zu den Klatsch-Netzwerken der modernen Wirtschaft, vom »Impression management« der Wissenschaft bis zum Kult um Kunst und Künstler. Auch die Religion darf hierbei nicht fehlen, schließlich bildet sie das Paradebeispiel eines Gerüchts und wird heute vom Klatsch und seinen Quasigöttern beerbt. Am Ende des Buches steht dann die Frage, ob uns die moderne Klatsch-Inflation ins Verderben des Kuschel-Politainments und Talkshow-Geschwätzes führt und ob sich der Klatsch mit seiner inflationären Ausbreitung nicht selbst schadet.

An dieser Stelle möchte ich noch jenen Klatschkundlern danken, in deren Fußstapfen ich getreten bin, um neue Pfade durch das Dickicht der heutigen Klatschgesellschaft schlagen zu können. Besonders hervorgehoben seien dabei die Werke von Robin Dunbar, Jean-Noël Kapferer und Jörg R. Bergmann.

Hamburg, im April 2009

Von der Kraulkultur
zur Klatschkonjunktur

Als die Affen gesprächig wurden

Vom Kraulen zum Quatschen

Um den wild wuchernden Klatsch-Urwald zu durchforsten, empfiehlt sich zunächst ein Blick auf die Wurzeln der ersten Klatsch-Pflänzchen. Und das heißt vor allem auf das, woraus der Klatsch gemacht ist: die Sprache. Die Sprache macht den Menschen einzigartig. Andere Säugetiere bellen, schreien oder grunzen, aber sie sprechen nicht. Ein Menschenbaby hingegen kann mit etwa 18 Monaten die ersten Wörter sprechen, mit 18 Jahren umfasst unser aktiver Wortschatz rund 60000 Wörter. Kein Wunder, dass wir von allen Arten, die es je auf der Erde gab, das größte Gehirn haben, ungefähr neunmal größer, als man es bei einem Säugetier von unseren Körpermaßen erwarten würde.

Die Sprache zeigt, dass wir von Natur aus Gesellschaftswesen sind, Herdentiere, deren Gehirne auf gute soziale Beziehungen geeicht sind. Das belegt nicht zuletzt die Tatsache, dass soziale Isolation zu Depressionen und sogar zum Tod führen kann. Oder dass bei Menschen, die sozial ausgegrenzt sind, etwa in Isolationshaft, die Schmerzzentren im Gehirn aktiviert werden. Dank der Sprache können wir uns mit anderen verständigen, und zwar besonders gern *über* andere, seien es Freunde, Kollegen oder Prominente. Aber wie und warum ist die einzigartige Sprachfähigkeit entstanden?

Hier hat der britische Anthropologe Robin Dunbar eine spannende Theorie entworfen. Sie beginnt bei unseren Vorfahren, den Affen. Primaten leben in Gruppen, um sich gemeinsam verständigen und damit besser schützen zu können, zum Beispiel vor Raubtieren. Diese Geselligkeit ist eine wichtige Evolutionsstrategie, und im Fall der Affen zeigt sich dabei etwas, das sie von allen anderen Tierarten unterscheidet. Affen haben ein Sozialverhalten entwickelt, das auf engen Bindungen zwischen den Gruppenmitgliedern beruht und nach dem Motto »Eine Hand wäscht die andere« funktioniert.

In Affengruppen werden Bündnisse geknüpft und gefestigt durch Kraulen. Manche Arten verbringen bis zu zwanzig Prozent des Tages damit. Das Kraulen dient zwar auch der Fellreinigung, doch die außergewöhnliche Länge der Kraulsitzungen zeigt noch etwas anderes: Kraulen ist ein Kitt, der Bündnisse zusammenschweißt. Kraulpartner sind etwas Besonderes, erhalten mehr Aufmerksamkeit und werden in Notsituationen unterstützt.

Damit kommt dem Sprichwort »Mich laust der Affe« eine ganz neue Bedeutung zu. Dunbar vermutet nämlich, dass die menschliche Sprache nichts anderes ist als eine Art akustisches Kraulen. Der Mensch hat die Sprache erfunden, um auch in größeren Gruppen, in denen nicht mehr jeder jeden kraulen kann, für Zusammenhalt zu sorgen. Je mehr wir uns nämlich von der Existenz als Jäger und Sammler in kleinen Horden entfernten, umso wichtiger wurde es, auch in größeren Gruppen Kontakte pflegen und mit mehreren Personen gleichzeitig sprechen zu können. So wie das Kraulen der Affen vor allem dazu dient, Vertrauen aufzubauen und Verbündete zu finden, verrät man auch mit der Sprache viel über seine Zuverlässigkeit als Verbündeter und Freund.

Für Dunbars These spricht zum einen, dass menschliche Gesprächsgruppen proportional größer sind als die Kraulgruppen der Affen. Die durchschnittliche Größe heutiger Menschengruppen, also die Personen, zu denen wir eine echte zwischenmenschliche Beziehung haben, umfasst durchschnittlich rund 150 Personen – und ist damit fast dreimal so groß wie die einer durchschnittlichen Affengruppe. Das ist deshalb so interessant, weil es in Menschengruppen bis zu einer Teilnehmerzahl von vier Personen möglich ist, dass jeweils einer spricht und der Rest zuhört; ab einer Gruppengröße von fünf Personen bilden sich schnell Untergruppen und Parallelgespräche. Durch die Sprache können Menschen also mit dem gleichen Aufwand dreimal so viele Sozialkontakte unterhalten wie die Affen mit dem Kraulen.

Ein weiterer Beleg für die Kraultheorie ist die Tatsache, dass Gespräche in erster Linie dem Austausch sozialer Informationen dienen. Unterhaltungen drehen sich zu etwa zwei Dritteln um private Beziehungen, persönliche Vorlieben und Abneigungen sowie um das Verhalten anderer. Insofern ist Klatsch vor allem eine Beziehungsarbeit, die Abhängigkeitsverhältnisse entstehen lässt und die Bindung in sozialen Gruppen vereinfacht. Eine wichtige Rolle spielt dabei der Unterhaltungseffekt, denn Lächeln und Lachen regen die körpereigene Opiatausschüttung an, so wie das Kraulen bei den Affen. Helge Schneider ist also eine Art Profi-Krauler für Sprechende.

Dass die Sprache vor allem unsere Klatschbedürfnisse befriedigt, erklärt sich vor allem dadurch, dass Klatsch den Kampf ums Überleben sichert, indem er Betrüger unter Kontrolle hält. Das gemeinsame Tratschen über andere dient als Frühwarnsystem vor sozialen Schwindlern und als Abschreckungsmechanismus durch Beschämung. Es ist statistisch nachgewiesen, dass »Nassauer« in einer Gemeinschaft klatschender, kooperierender Individuen kaum Erfolgschancen haben.

Aus all dem lässt sich folgern, dass die Sprache, die vor etwa 500 000 Jahren zum Kommunikationsmittel Nr. 1 der Urmenschen wurde, nicht etwa zum Austausch kluger Gedanken entstand, sondern aus einem Sozialverhalten unserer äffischen Vorfahren, das wir noch heute in jedem Zoo beobachten können: dem Kraulen. Anders gesagt: Wir haben die Sprache erfunden, um Klatsch und Tratsch zu verbreiten.

Kluge Klatschkollektive

Tests an Primaten, Raben, Papageien und Delfinen haben gezeigt, dass Gruppentiere intelligenter sind als Einzelgänger. Wissenschaftler sprechen von der »Machiavellistischen Intelligenz-Hypothese«, denn kognitive Fähigkeiten werden innerhalb wachsender Gruppengrößen immer wichtiger. Man muss lernen, sich zurechtzufinden. Klatsch motiviert also zu einer Art »Lernen am Objekt«, indem er kulturelle Werte vermittelt. Wir zapfen die Lebenserfahrungen anderer an, um das eigene Leben besser zu meistern.

In einer Studie gaben zwei Drittel der Befragten an, dass sie durch Klatsch wichtige Lektionen fürs Leben erhalten haben. Ein gutes Beispiel dafür ist der Flurfunk in Unternehmen, der einem Jobanfänger zum Beispiel verrät, vor welchen Kollegen er sich lieber in Acht nehmen sollte. Die Gerüchteküche ist auch wichtig im Wettbewerb um gute Positionen innerhalb einer Gruppe. Das gilt natürlich vor allem für Informationen, die am Image von Rivalen oder ranghohen Personen kratzen, oder solche, die das eigene Ansehen oder das der Freunde und Verbündeten schützen.

Weil Klatsch so wichtig ist, um sich im sozialen Umfeld zurechtzufinden und andere richtig einzuschätzen, liebt das menschliche Gehirn Tratsch und Gerüchte. Klatschgeschichten über Bekannte und Freunde werden sehr viel präziser abgespeichert als sachliche Informationen. In einem Test sollten die Teilnehmer zum Beispiel einige kurze Texte lesen und anschließend aufschreiben, woran sie sich erinnerten. Diese Texte wurden an die nächste Gruppe weitergegeben, die wiederum ihre Erinnerungen aufschrieb, und so weiter. Nach vier Runden wurde das Resultat mit dem ursprünglichen Text verglichen. Besonders gut im Gedächtnis blieben die Texte, die neben Personenbeschreibungen auch pikante Details zu Themen wie Lügen und Untreue offenbarten. Am schlechtesten schnitten Texte ab, die nur trockene Fakten zu einer Person enthielten.

Auge um Auge

Bleiben wir noch ein bisschen beim menschlichen Gehirn, genauer: bei den Spiegelneuronen. Dank ihrer können wir Mimik und Gestik und insbesondere die Blicke anderer deuten und daraus auf ihre Absichten und Empfindungen schließen. Die Spiegelneurone lassen uns nachempfinden, was in den Personen, die wir beobachten, vorgeht. Damit bilden sie eine Basis für spontanes, intuitives Verstehen und Vertrauen. Spannend ist die Tatsache, dass diese Neurone in der gleichen Hirnregion liegen wie die Nervenzellennetze, die unsere Sprache produzieren.

Gespräche drehen sich vor allem darum, eigene oder fremde Handlungen und Gefühle zu beschreiben. Beim Verstehen aktivieren die Spiegelneurone immer etwas Entsprechendes in uns selbst. Das lässt schon erahnen, warum Stars und Promis so attraktiv und bedeutsam für uns sind: Sie sind Stellvertreterfiguren, mit denen wir jubeln und leiden können.

Generell ist das Gefühl, beobachtet zu werden, von besonderer Bedeutung für das Funktionieren sozialer Gruppen. Es schürt die Angst vor bösem Klatsch und motiviert dadurch zu altruistischem Verhalten. In einem Experiment sollten Studenten für den Klimaschutz spenden: Sie spendeten mehr, wenn sie wussten, dass die Gerüchteküche kochte und ihre Handlung beobachtet wurde. Das Investment in ihren eigenen guten Ruf war ihnen wichtiger als ihr Geld.

Eine wichtige Rolle bei diesem Kontrollmechanismus spielen die Augen selbst. So garantiert ein Auge auf einer Spendenbox deutlich höhere Erträge als andere Verzierungen. Unsere elektrophysiologischen Reaktionen auf ein einzelnes Augenpaar sind sogar deutlich stärker, als wenn wir ein komplettes Gesicht ansehen. Evolutionspsychologisch betrachtet sind wir fixiert auf die Beobachtung anderer, weil wir daraus Rückschlüsse auf unser eigenes, optimales Verhalten ziehen können. Als Beobachtete wollen wir selbst unter fremdem Blick möglichst gut dastehen. Menschen sind also nicht von Natur aus kooperativ, sondern nur solange andere zusehen und die eigene Reputation auf dem Spiel steht. Im Schutz der Anonymität handeln wir vor allem egoistisch. Allerdings genügen schon kleinste Anzeichen des Beobachtetwerdens, um soziales Verhalten hervorzurufen. Dieser Mechanismus gilt auch im Tierreich, etwa bei dem Putzerlippfisch, der sich in Gegenwart anderer Fische liebevoll um seinen Wirtsfisch kümmert. Schaut jedoch kein anderer potenzieller Kunde zu, reißt er hemmungslos ganze Stücke aus der Haut seines Wirtes.

Auch der Mensch setzt auf Verstellung und Maskierung, um andere möglichst unbeobachtet zu beobachten und zu erkennen, ob er dabei selbst beobachtet wird. Auch wenn es meist unbewusst geschieht, beobachten wir permanent die Beobachtungen anderer. Dieses wechselseitige Observieren geht Hand in Hand mit Klatsch und Tratsch: Wir wollen, dass der Einzelne zum Gemeinwohl handelt. Dieser Mechanismus wurde immer schon sozial instrumentalisiert. In früheren Gesellschaften sorgten dafür unter anderem Totempfähle mit Augensymbolen. Heute hält uns der mediale Pranger in Alarmbereitschaft.

Nachäffen macht mächtig

Zwar sind die Genome von Mensch und Schimpanse zu rund 99 Prozent identisch, doch hat uns die Sprache dazu bemächtigt, zur weltbeherrschenden Spezies aufzusteigen. Dies hat mit einer weiteren Klatschkompetenz zu tun, die Wissenschaftler »kumulative Kultur« nennen. Gemeint ist die Fähigkeit, auf die Erfolge früherer Generationen aufzubauen. Nur der Mensch benutzt Symbole wie Schriften, Zahlen oder Bilder, um Kulturerrungenschaften über viele Generationen an Nachkommen weiterzugeben. Nur so ist eine fortwährende kulturelle Evolution möglich. Und das wichtigste Werkzeug ist dabei die Sprache beziehungsweise der Klatsch.

Der Mensch unterscheidet sich vom Affen weniger durch herausragende kognitive Leistungen als durch seine hoch entwickelten Sozialbegabungen. Kleinkinder imitieren Vorgänge sehr viel beharrlicher als etwa Schimpansen-Junge. Denn nur stupides Nachahmen führt schließlich zur Spracherkenntnis und damit zum Wissenstransfer. Und erst die Virtuosität in Sachen Klatsch und Tratsch ermöglicht den Austausch von Wissen und kooperatives Verhalten.

Das veranschaulicht auch das Phänomen der »sozialen Ansteckung«: Soziale Netze können verstärken, was in ihnen ausgesät wird – wobei noch nicht einmal ein direkter Kontakt bestehen muss. Leibesfülle, Selbstmorde, Depressionen, Alkoholismus oder auch Rauchentsagung sind infektiös: Ein Mensch, der dick wird, erhöht bei seinen Freunden das Risiko, ebenfalls dicker zu werden, um 57 Prozent. Entscheidend ist also nicht das Verhalten selbst, sondern die soziale Norm, die weitergeklatscht wird, auch bei Bekannten, die weit entfernt voneinander leben. Im Grunde genügt schon, dass ein Freund meines Freundes zunimmt, um mein Gewicht ansteigen zu lassen. Welche Auswirkungen diese soziale Ansteckung im Internet hat, wo Millionen von Menschen sich in sozialen Netzwerken tummeln und verbünden, werden wir später noch genauer betrachten.

Der Evolutionsbiologe Richard Dawkins erklärt die klatschhafte Weitergabe von Wissen mit den Begriffen Meme und Memesis (analog zu den biologischen Begriffen Gene und Genesis). Demzufolge flottieren Bruchstücke von Kultur, Gedanken und Konzepten in der Welt, vermehren und verbünden sich und benutzen den Menschen wie Parasiten als Wirtstier. Alles, was wir weiterklatschen, ist also im Darwinschen Sinn erfolgreich. Als Klatschvariante des »Survival of the Fittest« zeigt die Meme-Theorie auch, welche Bedeutung Mode und Trends für die kulturelle Evolution haben. Sogar der aufrechte Gang war laut Dawkins zunächst eine Mode, die angesehene oder dominante Affen, also quasi die George Clooneys und Paris Hiltons der Vorzeit, einsetzten, um sexuelle Erfolge zu erzielen oder ihren Status zu sichern, indem sie virtuos auf zwei Beinen stolzierten. Andere imitierten es, es wurde »cool«.

Klatsch schreibt Geschichte(n)

Dass wir so viel Spaß am Klatschen haben, liegt aber nicht nur daran, dass das Geschwätz uns klug und altruistisch macht. Vielmehr ist der Mensch ein a priori erzählendes Wesen, ein Homo Narrator. Die mentalen und zwischenmenschlichen Prozesse des Erzählens bilden die Grundeinheit unseres Wahrnehmens, Denkens und Handelns. So weiß man aus der Entwicklungs- und Kleinkindforschung, dass Kinder schon vor dem Spracherwerb in den Denk- und Wahrnehmungsmustern von Geschichten handeln, inklusive einer Ereignis- und Vorher-Nachher-Perspektive. Oder dass das positive Zurechtstricken eigener Erfahrungen unerlässlich ist für persönliches und soziales Wohlbefinden.

Besonders deutlich wird dieses Faible fürs Fabulieren, wenn man sich klinische Studien über Psychosomatik, Psychotraumata, Suchterkrankungen und autodestruktives Verhalten ansieht. Erst die Narrativierung macht Erfahrungen überhaupt zugänglich für eine Bearbeitung und Therapie. Eine Grundweisheit der Psychotherapie lautet daher, dass es einem besser gehen wird, wenn man aus seinem Leben eine (oder mehrere) Geschichte(n) macht. Nur als Beobachter seiner selbst kann ein Patient die Herrschaft über seine eigene Lebensgeschichte zurückgewinnen.

Auch die Hirnforschung offenbart, dass wir ständig Sinnzusammenhänge produzieren, egal, ob sie etwas mit der Wirklichkeit zu tun haben oder nicht. In einem Versuch reizten Ärzte während einer Hirnoperation gezielt die Lachzentrale eines Patienten, wodurch dieser einen Lachkrampf erlitt. Als er später nach dem Grund für seine Heiterkeit gefragt wurde, sagte er, einer der Pfleger habe so lustig ausgesehen. Das Hirn erfand also seine eigene Geschichte, es »klatschte« sich seinen Reim auf die Geschehnisse zusammen.

Schon 1965 stellten amerikanische Psychologen fest, dass jede Biografie, jede Lebenserinnerung nach dem Muster des Gerüchts gestrickt ist. Ungenaue, oft verzerrte Erinnerungen werden nachträglich mit viel Fantasie verstandesmäßig erklärt. Deshalb sind Geschichten, die man über sich selbst erzählen kann, nicht nur wichtig für den Lebenslauf einer Karriere, sondern für die gesamte Biografie. »Storying« nennt man in den USA diesen Prozess, mit dem Personen erzählerisch »zusammengehalten« werden. Es gibt bereits Firmen, die sich auf die Verfilmung der Lebensgeschichten ganz normaler Bürger spezialisieren, im Auftrag von Angehörigen oder der Protagonisten selbst.

Um den Unsinn des Lebens sinnvoller erscheinen zu lassen, ersetzen wir Unvertrautes durch Vertrautes. Diese Erzähltechnik hat der Sinnstifter Klatsch mit den antiken Mythen gemein. Ebenso wie er selbst von Mythen umrankt ist.

Mythen, Märchen und die Vertreibung aus dem Paradies

Vorsicht, böse Zungen!

Am Anfang war das Wort und das Wort war bei Gott, und Gott war das Wort ... In ihm war das Leben, und das Leben war das Licht der Menschen«, heißt es in der Bibel. Worte waren es auch, mit denen die Schlange Adam und Eva im Paradies zum Naschen vom Baum der Erkenntnis verführte. Das Gerücht »Du wirst sein wie Gott, wenn du von diesem Baume isst« verdeutlicht die enge Verwandtschaft von Klatsch und Moral. Dank des Paradies-Klatsches lernte der Mensch, gut und böse, Scham und Schamlosigkeit, öffentlich und privat unterscheiden. »Wer hat dir gesagt, dass du nackt bist?«, fragte Gott Adam nach dem Sündenfall. Und in Form der Schlange folgte der Klatsch Adam und Eva aus dem Paradies hinaus in die Welt.

Seither gelten Geschwätzigkeit, Neugier und oftmals auch Erkenntnisdrang im christlichen Bereich als lasterhaft. Im Alten Testament heißt es, der geschwätzig-verführerischen Schlange solle der Kopf zertreten werden. Der Apostel Matthäus warnte: »Über jedes unnütze Wort, das die Menschen reden, werden sie am Tag des Gerichts Rechenschaft ablegen müssen.« Denn merke: »Was zum Munde hineingeht, das macht den Menschen nicht unrein, sondern was aus dem Munde herauskommt, das macht den Menschen unrein.« Kollege Paulus empfahl: »Lasset kein faul Geschwätz aus eurem Munde gehen«. Und generell gilt die Zunge im Christentum als »ein ruheloses Übel voll tödlichen Giftes« (Jakobus).

Unkontrolliertes Geschwätz und üble Nachrede werden in allen Kulturkreisen moralisch verurteilt. Viele Völker haben den Klatsch in ihren mythologischen Dichtungen und Märchen verewigt. So wie die Schlange im Christentum sind es oft tierische Gestalten, die mit Gerücht und Klatsch in Verbindung gebracht wurden. In vielen Märchen verkörpern Fuchs oder Krähe die Geschwätzigkeit. Für die Germanen symbolisiert das Eichhörnchen Ratatöskr den Klatsch. Zwischen der Wurzel der Weltesche Yggdrasil, wo die Menschen wohnten, und ihrem Wipfel, dem Platz der Götter, läuft das Klatschhörnchen auf und ab und bringt den Menschentratsch nach oben. Die daraus resultierenden Irrungen und Verwirrungen sind in Wagners »Ring des Nibelungen« nachzulesen.

Göttlicher Klatsch

Noch berühmter als die Klatschtiere sind die Klatschgötter. Die alten Griechen erkoren den Klatsch sogar zur Himmelsmacht. So war es die Hauptfunktion des Gottes Hermes, als Schutzherr der reisenden Kaufleute zwischen Himmel und Erde zu pendeln und Klatsch zu verbreiten. Gerüchte, Klatsch und Intrigen waren bei den alten Griechen und Römern ebenso bekannt wie im alten China, weil man sich zwangsläufig auf das Hörensagen verlassen musste, bevor es kontrollierbare Medieninstitutionen wie Zeitungen, Rundfunk oder Fernsehen gab, deren Informationen man miteinander vergleichen konnte.

Unangefochtene Klatschgöttin Nr. 1 ist Pheme, eine der ältesten griechischen Gottheiten der ersten Generation, die von Terra, der Mutter Erde, selbst geboren wurde. Die alten Römer tauften Pheme um in Fama, dem Lateinischen Wort für Gerücht, und statteten sie mit einer illustren Verwandtschaft aus. Fama ist blutsverwandt mit den Furien, den Nymphen und Venus, der römischen Aphrodite. Die erste berühmte Darstellung der Fama stammt von Vergil, der sie in seiner »Aeneis« (29-19 v. Chr.) als grauenvolles Geschöpf beschreibt, mit einem Leib aus Federn und unzähligen Zungen, »wachsamen Augen«, »lauschenden Ohren« und tausenden »tönenden Mündern«:

Fama, ein Übel, geschwinder im Lauf als irgendein andres,
ist durch Beweglichkeit stark, erwirbt sich Kräfte im Gehen,
klein zunächst aus Furcht, dann wächst sie schnell in die Lüfte,
schreitet am Boden einher und birgt ihr Haupt zwischen den
Wolken …
Schnell zu Fuß mit hurtigen Flügeln, ist sie ein Scheusal,
gräulich und groß …
Nächtens fliegt sie, mitten von Himmel und Erde, durchs Dunkel
Schwirrend, schließt niemals zu süßem Schlummer die Augen.
Tagsüber sitzt sie als Wächterin hoch auf dem Dache des Bürgers
Oder auf stolzem Palast und schreckt die mächtigen Städte,
ganz so auf Trug und Verkehrtheit erpicht, wie Botin der Wahrheit.

Etwas später zeigt Ovid in seinen »Metamorphosen« (ca. 1-8 n. Chr.) weniger die Göttin selbst als ihre gesichts- und körperlosen Mächte – und beschreibt damit bereits die medialen Züge des Phänomens Klatsch. Ovid macht das Haus der Fama, dessen »oberste Stelle« sie selbst einnimmt, zum Zentrum und gibt ihr einen Platz im All, von dem aus sie das Weltgeschehen beobachtet und belauscht:

Alles, wo es geschehe, wie weit es entfernt sei, von dort
Erspäht man's; ein jeder Laut dringt bis zum Hohl seiner Ohren …
Tausend Zugänge gab sie dem Haus und unzählige Luken,
keine der Schwellen schloss sie mit Türen; bei Nacht und bei Tage
steht es offen, ist ganz aus klingendem Erz, und das Ganze
tönt, gibt wieder die Stimmen und, was es hört, wiederholt es.
Nirgends ist Ruhe darin und nirgends Schweigen im Hause.
Aber es ist kein Geschrei, nur leiser Stimmen Gemurmel,
wie von den Wogen des Meeres, wenn einer sie hört aus der Ferne.

Bei Ovid erscheint Fama also nicht nur als Sage und Gerücht, sondern auch als öffentliche Meinung, als Stimme des Volkes, als gute oder üble Nachrede und, last but not least, als Ruhm. Schließlich verweist Fama auch auf das englische Wort für Ruhm und Berühmtheit, »fame«. Schon Ovid erkannte also die Maxime moderner Prominenzproduktion: Kein Ruhm ohne Gerücht. Seine Beschreibung vom Haus der Fama könnte sogar als lyrische Beschreibung digitaler Kommunikationsmöglichkeiten durchgehen. Denn auch das Internet ist überall und hat wie Famas Haus unzählige Zugänge.

Bei der Bedeutung, die der Klatschgöttin Pheme bereits bei den Alten Griechen zugeschrieben wurde, verwundert es nicht, dass die griechischen Mythen selbst zum Großteil aus Geschichten vom Hörensagen bestehen, aus Erzählungen von Eifersucht, Liebeswahn, Ehebruch und Seitensprüngen der Götter und Heroen. Fast immer geht es um Sex und Intimitäten, die die Betroffenen lieber verschweigen würden. So war es zum Beispiel angeberischer Männerklatsch, der den Troerfürst Anchises das Augenlicht kostete: Nachdem sich Aphrodite in ihn verliebt hatte, gebot sie ihm auf dem Liebeslager strengstes Schweigen darüber, dass er die Liebesgöttin nackt gesehen hatte. Beim abendlichen Wein im Freundeskreis prahlte Anchises jedoch mit seinem göttlichen Liebesabenteuer – wofür ihn Zeus zur Strafe mit einem Blitz lähmte.

Antiker Klatsch

So wie die Geschichten der Gottheiten von der zeitlosen Bedeutung des Klatsches zeugen, sind auch zahlreiche »reale« Klatschbegebenheiten aus alten Zeiten überliefert. In hieroglyphischen Inschriften der Alten Ägypter fand man einen 5000 Jahre alten Text, der beschreibt, wie ein König des Öfteren nachts einen seiner Generäle besuchte, »in dessen Haus es keine Ehefrau gibt«, wie der Klatschschreiber mehrfach betont, um eine homosexuelle Beziehung zu suggerieren. Und ein Pyramidengraffito zeigt einen deutlich weiblich gezeichneten König in kompromittierender Position mit einer nicht-königlichen Person. Vermutlich ein Beleg für damalige Haremsintrigen, bei denen verschiedene Frauen versuchten, den eigenen Sohn zum nächsten Pharao zu machen.

Eine berühmte Klatschprotagonistin der Antike ist Xanthippe, die Frau des Philosophen Sokrates (469-399 v. Chr.). Noch heute gilt ihr Name als Synonym für das zänkische, hässliche Weib schlechthin. Die einzige zeitgenössische Quelle für diese Diffamierung stammt von dem griechischen Geschichtsschreiber Xenophon (ca. 426-355 v. Chr.), dem zufolge ein Diskussionsgegner von Sokrates Xanthippe »die Unverträgliche« genannt habe. Klatschgeschichten, die dieses Urteil plausibel erscheinen lassen, florierten schon in der antiken Literatur. Einmal habe Xanthippe etwa den betrunkenen Sokrates auf offener Gasse beschimpft und einen Nachttopf über ihm entleert, worauf Sokrates sagte: »Ich wusste es: Nach dem Donner kommt der Regen.« Ein andermal habe er Xanthippe beim Ehebruch mit einem Freund überrascht und ausgerufen: »Du Armer, wer hat dich denn dazu gezwungen!« Jede Epoche trug das ihre dazu bei, den Xanthippe-Klatsch weiterzustricken.

Eine interessante Taktik im Kampf gegen den Klatsch setzte der griechische Feldherr Alkibiades (450-404 v. Chr.) ein. Er hieb einem seiner wertvollen Lieblingshunde den Schwanz ab: »Damit die Athener über meinen Hund klatschen und nicht über mich!« Platon (427-347 v. Chr.) hatte eine andere Methode, um Klatschmäuler verstummen zu lassen: »So leben, dass ihnen niemand glaubt.« Aristoteles

(384-322 v. Chr.) wiederum setzte auf Laisser-faire. Auf die Mitteilung, jemand habe in seiner Abwesenheit über ihn geklatscht, antwortete er: »Wenn ich nicht da bin, kann er mich meinetwegen auch verhauen.«

Weniger entspannt waren die Opfer des römischen Satirikers Juvenal (ca. 55-127), der seine Zeitgenossen persiflierte, »weil bei solcher Verwilderung der Sitten sich der Unwille nur schwer zurückhalten lässt«. Über einen Emporkömmling lästerte er etwa, er könne mit dem ihm ungewohnten Purpurgewand nicht umgehen und müsse es ständig mit der Schulter zurückwerfen, außerdem trage er im Sommer statt der üblichen schweren Ringe nur ganz leichte an seinen verschwitzten Fingern. Die Klatscherei wurde Juvenal zum Verhängnis, als er in einer Satire den Skandal-Pantomimen Paris rühmte, den zuvor eine Affäre mit der Gattin des Kaisers das Leben gekostet hatte. Juvenal durfte sein Leben behalten, doch der Kaiser verbannte ihn an die äußerste Grenze des römischen Reichs.

Moderne Mythen und mythomane Verschwörungen

Ohne Mythen geht es auch heute nicht: Wir sind süchtig nach Geschichten mit mythischen Elementen, nach einem Fundus an vorgefertigten Sinngehalten, mit dem wir unser Leben erzählen können. Dem Historiker und Literaturwissenschaftler Hayden White zufolge sind Mythen und Märchen ursprünglich eine Welterklärung für das, was wissenschaftlich nicht erklärbar ist: In einem narrativen Rahmen kann Unvertrautes durch Vertrautes ersetzt werden. Unsere Realitätswahrnehmung folgt demnach – wie der Klatsch selbst – eigenen dramaturgischen Gesetzen, und auch die Geschichtsschreibung baut auf Gerüchten auf.

Heute kann die mythische Logik des Wunderbaren ganz

bewusst zur Weltgestaltung genutzt werden. Das kann schon durch einen Kinobesuch geschehen, der den rationalen Alltag verzaubert. Für bestimmte Gesellschaftsbereiche sind Mythen aber geradezu überlebenswichtig. Die Politik etwa lebt von ihren Helden und den Legenden vom Kampf Gut gegen Böse. Deswegen können wir Politik auch viel besser verstehen, wenn uns die Politiker als Menschen erscheinen, wenn wir also über sie klatschen können. Biografische Brüche lassen sich zum Beispiel bestens in mythische Läuterungsprozesse umwandeln, etwa Joschka Fischers Wandel vom 68er-Rebellen zum Außenminister, vom beleibten Profi-Politiker zum mageren Jogger-Asketen – und erneut zum wohlgenährten Polit-Rentner.

In der Wirtschaft regiert die immerfrische Saga vom Aufstieg aus dem Nichts, eine Mythenbildung, die heute als »Corporate Storytelling« Mitarbeiter und Kunden zusammenschweißt. Die größten Mythen unserer Zeit kristallisieren sich jedoch um die Biografien der Stars. Lady Diana sorgte für einen echten Paradigmenwechsel, indem es ihr gelang, verschiedenste mythische Ebenen zu vereinen. Sie war zugleich Märchenprinzessin und antiroyalistische Revoluzzerin, publicitysüchtiges Covergirl und Mutter Theresa der Armen. Eine postmoderne Mythenmixtur, die zeigt, wie frei kombinierbar mythische Elemente heute sind.

Gerade weil Mythen und Erzählungen heute kein geschlossenes Weltbild mehr entwerfen müssen, haben abgeschlossene Erzählungen Klatschkonjunktur. Zum Beispiel in Form von Verschwörungstheorien, die simple Erklärungsmuster für die Probleme einer immer komplexer werdenden Welt anbieten, indem sie vermeintliche Drahtzieher im Hintergrund verantwortlich machen. Auch für Verschwörungstheorien gilt: Wichtig ist eine spannende Geschichte, die Vorurteile gegen bestimmte Gruppen bestätigt und damit das Weiterklatschen attraktiv macht. Die Dramaturgie ist dabei stets die gleiche: Eine feindliche Verschwörung führt zu einer Katastrophe, die ganze Nationen oder auch die ganze Welt betrifft. Und die Opfer sind meist Gruppen, die bereits von der Kirche oder anderen verfolgt und ausgegrenzt wurden, etwa Juden, Freimaurer, »Hexen« oder Kommunisten.

Geradezu umzingelt von Verschwörungslegenden ist der 11. September 2001. Hier wird jedes Detail angezweifelt. So hätten angeblich Flugzeuge allein das World Trade Center nicht zum Einsturz bringen können, vielmehr habe die US-Regierung selbst die Anschläge in Auftrag gegeben. Waren die Juden schuld, weil es kaum jüdische Opfer gab? Oder die Satanisten, weil in den Rauchwolken angeblich der Teufel grinste?

Legendäre politische Verschwörungstheorien ranken sich auch um die Ermordung John F. Kennedys oder Martin Luther Kings. Auch hier soll die Regierung Auftraggeber gewesen sein – ähnlich wie bei Mordkomplott-Szenarien um die Tode von Marilyn Monroe, Johannes Paul I. oder Lady Di. Doch damit nicht genug: Wurde das AIDS-Virus bewusst entwickelt, um Homosexuelle auszurotten? Werden die Märkte für Drogen, Pornos und Kinderprostitution von Satanisten kontrolliert? War der Untergang der »Titanic« ein Versicherungsbetrug? Wurde die erste Mondlandung in Wirklichkeit in einem Hollywood-Studio inszeniert, um die technische Überlegenheit der USA zu demonstrieren? Und ließ die US-Regierung nach dem Hurrikan »Katrina« gezielt schwarze Viertel in New Orleans überfluten, wie unter anderem der Regisseur Spike Lee vermutete?

Ähnlich kunterbunt ist das verschwörerische Treiben im Wirtschaftssystem. 1985 musste der US-Konzern Procter & Gamble sogar sein Emblem – ein menschliches Gesicht, das eine Myriade von Sternen betrachtet – ändern, weil satanistische Gerüchte zu Boykott-Aufrufen führten. Unter anderem kursierte das Gerücht, die Zahl der Sterne betrage 666. Mit ähnlichen Problemen hatten auch Marlboro und Warsteiner zu kämpfen, denen Ku-Klux-Klan-Verbindungen beziehungsweise ein Bund mit der NPD nachgesagt wurden.

Besonderer Beliebtheit erfreuen sich Vergiftungsgerüchte gegenüber Großkonzernen, etwa über zerstückelte Mäuse in Coca-Cola-Flaschen. Dieser Fall ist tatsächlich dokumentiert, 1914 wurde der entsprechende Verbraucherprozess gewonnen. Seitdem jedoch kam es zu zahlreichen ähnlichen Fällen und Prozessen, die vor allem auf Gerüchten beruhen, die vor der Macht des geheimnisvollen Getränks warnen, dessen Rezept streng geheim gehalten wird. Ein ähnliches Gerücht traf Ende der 70er-Jahre McDonald's. Im Burgerfleisch, so hieß es, würden Regenwürmer verarbeitet: der Wurm als Symbol für die Angst vor innerer Fäulnis durch Junkfood-Konsum.

Die Maus in der Cola oder der Wurm im Burger sind Vertreter einer dauerhaft populären Gerüchtespezies, den Urban Legends oder Großstadtlegenden. Diese Klatschform belegt erneut, dass Sagen, Legenden und Mythen nicht nur in primitiven oder traditionellen Gesellschaften anzutreffen sind. Es handelt sich um skurrile Anekdoten aus unsicheren Quellen, die mündlich oder per Mail weitergeklatscht werden und gern dem Freund eines Freundes zugeschrieben werden, weshalb sie in den USA auch »FOAF tales« (»Friend of a friend tales«) heißen. Die bekanntesten zieren die Titel entsprechender Sammelbücher, etwa »Die Spinne in der Yucca-Palme«, »Die Maus im Jumbo-Jet«, »Die Ratte am Strohhalm«, »Das Huhn mit dem Gipsbein«, »Die Ratte in der Pizza« oder »Der Elefant auf dem VW«.

Ein jüngeres Beispiel ist die Geschichte eines Mannes,

der in New York fünf Tage lang tot an seinem Schreibtisch gesessen haben soll, ohne dass es seinen Kollegen auffiel. Oder die Geschichte eines Geschäftsreisenden, der von einer Frau verführt wurde und am nächsten Morgen feststellen musste, dass eine seiner Nieren entfernt worden war. Moderne Mythen, das zeigen auch diese beiden Beispiele, machen aufmerksam auf soziale Missstände wie die zwischenmenschliche Kälte im Arbeitsalltag oder das skrupellose Transplantationsbusiness. Damit rufen sie uns indirekt die soziale Ordnung vor Augen, an die wir uns als Mitglieder der Gemeinschaft zu halten haben.

Dieser »Ruf zur Ordnung« ist eine der Hauptfunktionen des Klatsches, die wir im nächsten Kapitel näher betrachten. Zuvor soll aber noch ein Blick auf die Klatschblüte im Mittelalter geworfen werden – und auf die Frage, warum Klatsch eigentlich immer als Frauensache galt.

Vom Waschplatz zum Kaffeeklatsch

Indiskretion ist etwas, auf das man sich nur bei den wenigsten Frauen verlassen kann
(*Oscar Wilde*)

Die Frau, das klatschende Geschlecht?

In der Bad Reichenhaller St. Georg-Kirche ist eine interessante Darstellung der Redensart »Das geht auf keine Kuhhaut« zu sehen: Ein mittelalterliches Fresko zeigt vier Teufel, die an einem Fell zerren, darüber stecken drei Frauen ihre Köpfe zusammen, ein fünfter Teufel schreibt auf das Fell die Sünden der Menschen. Genauer: die der Frauen. Die Botschaft lautet also, dass selbst das größte Fell, nämlich das Kuhfell, nicht ausreicht für all die Sünden, die die Frauen mit ihrem Klatsch produzieren.

So wie Fama, die Gottheit des Klatsches, als Frau erdacht wurde, galten Klatsch und Tratsch schon immer als Domäne des weiblichen Geschlechts. Wobei »Geschlecht« hier durchaus wörtlich zu verstehen ist. Denn der direkte und meist denunzierende Bezug auf die weiblichen Geschlechtsorgane springt bei den Bezeichnungen für Frauen, die gern reden, ins Auge: Klatsche, Klatschweib, Klatschlise, Klatschlotte, Klatschdose, Klatschbüchse, Klatschloch, Klatschfutte, Klatschkasten, Klatschtasche oder Klatscheuter sind nur einige der Begriffe, die im Umlauf waren oder sind.

Einen wichtigen Beitrag zur Etablierung des Klatsches als typisch weibliche Eigenschaft lieferten unter anderem die aufklärerischen Philosophen Denis Diderot und Jean-Jaques Rousseau, die in ihren Schriften den Klatsch am Hofe und die Salonkonversation karikierten. In seinem Roman »Die indiskreten Kleinode« (1748) ließ Diderot die Sexualorgane der Damen sogar selbst klatschen und von ihren Abenteuern berichten.

Warum aber wurde Klatsch seit jeher den Frauen und ihren Geschlechtsteilen zugeschrieben? Warum gibt es Dutzende von Klatsch(schimpf)worten für Frauen, aber kaum eines für Männer? Die Psychoanalyse hat hier eine recht plastische Antwort parat. Das Phänomen des Redeflusses wecke archaische Ängste, etwa die Vision eines unendlich großen Hohlraumes, der wiederum durch den Abgrund des weiblichen Geschlechtsorgans symbolisiert werde.

Aus feministischer Perspektive hingegen war der Klatsch unter Frauen schon immer ein sichtbares Zeichen ihrer Solidarität. In patriarchalischen Gesellschaften waren Frauen von allen öffentlichen Aktivitäten ausgeschlossen und durften nicht über städtische Angelegenheiten debattieren. Dieses verweigerte Recht holten sie sich mit dem Klatsch gewissermaßen zurück – indem sie auch die geheimen, intimen Aspekte der öffentlichen Belange besprachen. Weil den Frauen der Zugang zum öffentlichen Leben versperrt war, brachten sie das Privatleben an die Öffentlichkeit. Die weibliche Kommunikation war demnach nicht bloß »Klatsch«, sondern auch eine Art Rebellion, die männliche Entscheidungen und damit auch die öffentliche Meinung beeinflusste.

In der ländlichen Gesellschaft der Frühen Neuzeit hatte jede Bevölkerungsgruppe ihre weitgehend autonomen Räume mit jeweils eigenen Rechten und Kommunikationsnetzen. So wie die Männer sich im Wirtshaus trafen, kamen die Frauen an den öffentlichen Dorf-Arbeitsplätzen zusammen, am Brunnen, am Waschplatz, bei der Wahl der Hebamme oder in der klassischen Gerüchteküche. Im Mittelalter wurden diese gemeinsamen Plätze mit sogenannten »Rügebräuchen« gegenüber Arbeitsfremden verteidigt. Männliche Beobachter mussten mit deftigen Bemerkungen und Zoten rechnen, wenn die Frauen den »Waschkitzel« hatten, wie es bei Grimm heißt. Die Frauen waren also doppelt schlagfertig: gegenüber der Wäsche, aus der sie den Schmutz herausschlugen, und gegenüber dem anderen Geschlecht, das sie mit schmutzigen Bemerkungen bedachten.

Das machte den mittelalterlichen Waschplatz für Männer zu einem echten Ort des Schreckens. Hier waren sie nicht erwünscht – und hier wurden sie von den Waschweibern bis aufs Hemd ausgezogen, sodass keine ihrer Schwächen verborgen blieb. Denn in den Wäscheflecken konnten die Waschfrauen lesen wie in einem Buch: Um den Schmutz aus der Wäsche herauszubekommen, galt es schließlich, zunächst dessen Herkunft zu ergründen.

Auch wenn die Zuschreibung der weiblichen Klatschlust noch viel weiter zurückreicht, war das gemeinsame Wäschewaschen der Frauen im Mittelalter doch eine symbolische Geburtsstunde für das, was wir noch heute unter Klatsch verstehen: Die Weitergabe moralisch kontaminierter Informationen und Spekulationen über das Privatleben anderer.

Klatsch unter Strafe: Von Prangern, Steinen und Masken

Vor allem die Männer hatten also ein Interesse daran, den Unruheherd des Dorfklatsches auszulöschen, und das taten sie nicht zuletzt unter moralischer Berufung auf die Bibel. »Die Weiber sollen mit dem pleuel und nicht immerdar mit dem maul waschen«, befand der Klatschfeind Martin Luther. Seine schneidige Schlussfolgerung: »Die Weiber führen das Schwert im Maule, drumb muß man sie auf die Scheide schlagen.«

Zu Luthers Zeiten lautete eine offizielle Rechtsvorschrift für klatschende Frauen: »Wenn ein böses schnödes

Weib auf freier Straße wider Bürger oder Bürgerkinder ehrenrührige Worte verbreitet, so darfst du das Weib dreimal vermahnen, und wenn es auch das dritte Mal nicht fruchtet, deine Faust nehmen, dem Weibe an den Hals schlagen, sie in die Gosse werfen, mit den Füßen vor den Hintern stoßen und dann gehen ohne Strafe.« In London führte die männliche Klatschkontrolle 1547 sogar zu einem generellen Verbot für Frauen, »sich zu versammeln, um zu tratschen und zu reden«. Andernorts wurde, um die Klatschgefahr einzudämmen, amtlich geregelt, wie viele Frauen sich maximal bei Geburten oder Taufen versammeln durften.

Diese Ächtung und Verurteilung von Klatsch lässt sich von der Antike bis ins 19. Jahrhundert in Konversationsbüchern und Verhaltenslehren nachverfolgen. Ein beliebtes Strafinstrument war dabei der öffentliche Pranger, bei dem Kopf und Hände des Sünders durch die Öffnungen zweier Holzplatten herausragten oder die Schuldigen mit Eisenketten angeschlossen wurden. Der Pranger sendet eine warnende Botschaft an die Allgemeinheit: Hier wirst auch du stehen, wenn du dich falsch verhältst! 1710 wurde ein Klatschweib, das gegen die Obrigkeit geschmäht hatte, dazu verurteilt, »künftigen Sontag nach der predig von 9 bis 10 uhr vor die kirchtür öffentlich mit einer brennenden kerzen« am Pranger zu stehen. Am folgenden Tag musste sie vor dem Rat eine öffentliche Abbitte leisten »und sich aufs maul schlagen«.

Eine eher städtische Variante des Prangers war die Strafe des Steintragens. Die verschiedenen Spezialnamen für den »Schandstein« weisen bereits auf die typischen Delikte hin. So nannte man ihn auch »Lasterstein« (von lästern, fluchen) oder »Klapperstein« (von schwätzen, ausplaudern). Selbstverständlich waren die Steintragenden meist Frauen. Eine weitere Stufe in der Bestrafung des weiblichen Klatsches wurde im 16. Jahrhundert mit der »Ehrenrührigen Geigenstrafe« erfunden, die Frauen »zur straffe Ihres ungehaltenen Waschmauls« diente. In der »Doppelgeige« konnten sogar zwei verfeindete Klatschweiber zeitgleich der Lächerlichkeit preisgegeben werden, indem man sie öffentlich zusammenschweißte.

Eine kreativ-karnevaleske Form der Klatschbestrafung lieferten dagegen die Schandmasken. Eine »Hausdrachen«-Maske etwa, die »klatschsüchtigen, zänkischen« Frauen aufgesetzt wurde, war symbolisch mit XXL-Versionen von Mund, Nase, Ohren und Zunge sowie einer überdimensionierten Brille versehen. Dazu mussten die Sünderinnen Erklärungstexte tragen wie »Dem Weib, das niemals schweigen kann, dem spart man diesen Maulkorb an« oder »Straf der ehrlosen und bösen Zungen«.

Anti-Klatsch-Maßnahmen sind kulturübergreifend. Wer etwa bei den brasilianischen Mehinaku-Indianern klatscht, wird als »miyeipyenukanan« (»Müllplatzmund«) beschimpft und mit Sanktionen belegt. Der mexikanische Zinacanteco-Stamm nutzt Klatsch dagegen strategisch, um die stammeseigenen Ehrenregeln zu stärken. Klatsch dient hier gezielt dazu, Fehltritte ans Tageslicht kommen zu lassen. Ein ehebrecherisches Paar muss dann zur Strafe während eines Festes vor aller Augen harte Arbeit verrichten.

So unterschiedlich die Formen der Klatschbestrafung sind, sie bedienen sich allesamt einer sozialen Emotion, die gewissermaßen komplementär zum Klatsch steht: der Scham. Evolutionspsychologisch betrachtet, bildet die Integration in eine soziale Gruppe eine Art Lebensversicherung, und Schamsignale dienen dazu, im Fall eines Normenverstoßes die Gruppensanktionen zu mildern. Menschen, die sich nach einem Missgeschick schämen, bringen wir mehr Sympathie entgegen als denen, die ungerührt scheinen. Und besonders groß ist die Scham, wenn das eigene Vergehen öffentlich zur Schau gestellt wird.

Heute gibt es diverse moderne Varianten des Prangers, die Sünder mit negativem Klatsch bestrafen. In den USA kann es einem Ladendieb noch passieren, dass er einen Tag lang vor dem betroffenen Geschäft stehen muss mit einem Schild um den Hals, das verkündet: »Ich habe hier gestohlen.« In der heutigen Mediengesellschaft wird aber vor allem medial bestraft. Wenn dann ein mächtiger Manager wie Klaus Zumwinkel als Steuerhinterzieher an den Medienpranger gestellt wird, erinnert das durchaus an unsere Vorfahren, die im 15. Jahrhundert einen betrügerischen Ratsherrn am Pranger mit faulen Eiern bewarfen. In den USA werden sogar auf staatliche Anordnung Fotos von verurteilten Zuhältern, Prostituierten oder Sexualstraftätern auf Webseiten oder im Lokalfernsehen veröffentlicht. Klatsch kann also nicht nur strafbar sein, sondern auch selbst durch Klatsch geahndet werden. Das macht ihn zu einer ebenso widersprüchlichen wie flexiblen Form sozialer Kontrolle.

Klatsch kommt von »klatz«

Der mittelalterliche Waschplatz, die Wiege unseres heutigen Klatschverständnisses, ist zugleich sein Namensgeber. Wortgeschichtlich entstammt »Klatsch« dem mittelhochdeutschen Wort »klatz«, das anfangs lautmalerisch »das helle, schlagende Geräusch durch das Aufschlagen von etwas Weichem, Schweren auf etwas Hartes« bedeutete, also zum Beispiel das Klatschen von nasser Wäsche gegen Steine. Noch heute verwenden wir den Begriff »klatschnass«. Ähnlich steht es um die Wortherkunft der Klatsch-Zwillingsschwester »Tratsch«. Laut Grimms Wörterbuch beschrieb das Wort im Mittelalter unter anderem lautmalerisch das Geräusch von Wasser; auch hier also die Nähe zu den Feuchtgebieten. Und auch Tratsch ist deutlich belegt mit abwertenden weiblichen Begriffen wie »Tratschtante« oder »Tratsche«.

Das »Klatschen« war ursprünglich der »öffentliche« Teil des Wäschewaschens. Wenn die eingelaugte Wäsche aus den Waschküchen kochend heiß an die Öffentlichkeit des Waschplatzes gebracht und der Schmutz mit dem Waschbleuel herausgeschlagen wurde, klatschte es ununterbrochen und unüberhörbar. Wegen der schmutzigen Wäsche hat der Klatsch also im wahrsten Sinne Dreck am Stecken: Der Schmutz und die Flecken stecken in seinem Wortstamm, zumal »klatz« auch »feuchter Fleck« oder »Schmutzfleck« bedeutete.

Deswegen sind so viele Klatsch-Redewendungen mit Wäsche verbunden, vom »Gewäsch« und der »schmutzigen Wäsche, die in der Öffentlichkeit gewaschen wird« über Menschen, die »klatschen wie die Waschweiber« bis zu Sprichworten wie »A Wasch und a Klatsch is bald gemacht« oder »Was man heute der Wäscherin sagt, wird morgen auf dem Markt erzählt«. Entscheidend für die Wortgeschichte des Klatsches ist dabei erneut Martin Luther, der in besonderem Maße die Entwicklungen der deutschen Sprache prägte. In seiner Predigt vom 12. November 1525 ließ er sich ausführlich über das fünfte Gebot aus und wetterte gegen das »mit dem Maule waschen« und das teuflische »Dreckschlürfen« der »wesschigen« Mäuler.

Die Herkunft des englischen Wortes für Klatsch, »gossip«, offenbart dagegen eher freundliche Klatschaspekte. Während »böser« Klatsch im englischsprachigen Raum explizit als »bad gossip« gekennzeichnet wird, steht der normale »gossip« immer in einem Verwandtschaftszusammenhang. Auch diese Verbindung ist weiblicher Natur, sie entspringt dem Wortstamm »god-sib«, was so viel bedeutet wie »Taufpatin für ein neugeborenes Baby«. Geburten waren früher reine Frauensache, die wie bei den Waschweibern eine

Art von Arbeit bedeutete. Deswegen sagt man in England, wenn eine Frau in den Wehen liegt, sie ist »in labour«. Nach getaner Geburtsarbeit aber mündete die Zusammenkunft in eine kicher-, trink- und klatschfreudige Weibergeselligkeit. Schon 1387 präsentierte Chaucer in seinen »Canterbury Tales« die »Wife of Bath« und ihre »gossip« als tratschfreudige Frauen, die ungehemmt über die Leistungen ihrer Ehemänner und ihrer »Geschlechtswerkzeuge« klatschten.

Die Verbindung von Klatsch, Verwandtschaft und weiblichem Geschlecht findet sich auch im Französischen, wo »commérage« (von lat. commater: die Patin, Tante) auf »commère« alias »Klatschbase« verweist. Auch hier wird die besondere interaktive Position der Klatschenden deutlich: Sie haben Zugang zum engeren Kreis einer sozialen Einheit und damit auch Insiderwissen.

Die Wortwurzeln des Gerüchts sind sogar noch älter als die des Klatsches. Sie gehen zurück auf das »Gerufene« (»geruefte«) und das öffentliche Geschrei über eine Untat (»geruchte«). Im späten Mittelalter kamen die Bedeutungen »Leumund« und »Ruf« hinzu. So gab es etwa die Redensart »in gutem (oder schlechtem) Geruch stehen«. Erst Luthers Bibelübersetzung schrieb das Gerücht dann als unbewiesene Nachricht und böses Gerede fest.

Diese etymologischen Hintergründe verdeutlichen auch, wie und worin sich Klatsch und Gerücht ähneln und unterscheiden. Gerüchte sind unverbürgte Nachrichten von allgemeinerem Interesse, die sich dementsprechend diffus verbreiten, ohne klare Quelle und von zahlreichen Spekulationen begleitet, die häufig zur Bestätigung von Vorurteilen dienen. Auch Klatsch lebt von Vorurteilen, allerdings ist er auf eine bestimmte Gruppe bezogen und wird nur in einem begrenzten Kreis weitergegeben, wobei der Absender meist erkennbar ist. Aus persönlichem Klatsch können sich weit verbreitete, abstrakte Gerüchte entwickeln, so wie sich an Gerüchten Klatsch entzünden kann. Der gemeinsame Nenner ist die Weitergabe an vertraute Personen: Privater Klatsch oder Gerüchte erreichen uns nie über Unbekannte, sondern nur über Nahestehende, die wir als zuverlässig ansehen.

Wer klatschte zuerst?

Den Frauen wurde also von jeher das Klatschen angehängt – aber haben sie das Klatschen tatsächlich erfunden? Wenn Klatsch direkt mit der Erfindung der Sprache zu tun hat, stellt sich die Frage: Wer sprach zuerst, Mann oder Frau?

Einer verbreiteten Vorstellung zufolge waren die Männer die Herren der Sprachschöpfung, weil sie ihre Jagdtätigkeit so besser koordinieren konnten. Schließlich war es von entscheidender Bedeutung, sich über das Mammut im Tal zu verständigen. Dagegen sprechen jedoch Beobachtungen bei unseren tierischen Vorfahren. So bilden bei den meisten Primatenarten die Weibchen den Kern des Soziallebens und geben damit der Gruppe über längere Zeit Bestand, während die Männchen oft von einer Gruppe zur anderen wandern, um bessere Paarungsgelegenheiten auszukundschaften. Das deutet eher darauf hin, dass die Frauen den Kern der ersten Menschengruppe bildeten und die Sprache zur Gruppenerhaltung erfanden.

Für diese Theorie spricht auch, dass Frauen auch heute allgemein über bessere sprachliche Fähigkeiten als Männer verfügen und emotional intelligenter sind. Frauen haben im Allgemeinen ein dichteres Netz sozialer Kontakte, und sie haben innerhalb dieses Netzes einen höheren Anteil gleichgeschlechtlicher Verwandter. Tests haben gezeigt, dass Frauen bereit sind, für ihre beste Freundin fast ebenso viele körperliche Beschwernisse auf sich zu nehmen wie für sich selbst. Männer hingegen sind weit weniger altruistisch gegenüber ihren besten Freunden. Auch das deutet darauf hin, dass die Evolution der Sprache weniger mit männlichen Jagdverbänden zu tun hat als mit der Pflege weiblicher Bündnisse.

Kaffeekränzchen für Kerle

Was den Frauen des Mittelalters die Waschplätze, das waren den Männern des 17. Jahrhunderts die neu in Europa auftauchenden Kaffeehäuser. Zu einer Zeit, als Tageszeitungen noch unbekannt waren, spielten sie eine entscheidende Rolle als Kommunikationszentren im frühbürgerlichen Kultur- und Wirtschaftsleben. Erste Exemplare entstanden 1650 in Oxford, zwischen 1670 und 1740 gab es in London bereits 2000 Kaffeehäuser. Der Boom beglückte vor allem die Engländer, in Deutschland galten Kaffeehäuser dagegen als ähnlich verdächtig wie männliche Trinkstuben oder weibliche Waschplätze.

Das Kaffeehaus des 17. und 18. Jahrhunderts war der Ort, wo Männer ganz unter sich plaudern konnten. Man konsumierte das neuartige, exotische Getränk namens Kaffee und begegnete weitgereisten Unbekannten, die aus fernen Ländern berichteten. So diente der Kaffee- und Teekonsum als Sinnbild einer nüchternen, neuartigen Männergemeinschaft, die sich weit entfernt wähnte von den Waschplätzen der Klatschbasen – aber auf ihre Art ebenso klatschhaft war, denn das Kaffeehaus etablierte sich schnell als erste Adresse für die Verbreitung von Neuigkeiten.

Diese Klatschgeschichten wurden verschriftlicht und vervielfältigt als »news«, denn die neue bürgerliche Öffentlichkeit war nach der harten Pressezensur der Puritaner geradezu nachrichtensüchtig. So avancierten die Kaffeehäuser zu öffentlichen Institutionen, in denen Geschäftsmänner, Wissenschaftler und Künstler das Geschwätz funktionalisierten. Aus diesem Klatschkonglomerat entstanden nicht nur Institutionen wie Lloyds Versicherungsgesellschaft oder die Royal Society, sondern auch das englische Pressewesen.

Die Zeitschrift »The Review«, die der englische Schriftsteller Daniel Defoe, Autor des »Robinson Crusoe«, von 1704 bis 1713 herausgab, ist ein Paradebeispiel für diese mediale Form der Klatschverwertung. Die »Review« war erfolgreich, weil sie eine frühe Form von Infotainment bot. Defoe war überzeugt, dass die Leser »zur Kenntnis der Welt beschwatzt werden« müssten durch einen »ehrlichen Betrug«. Daher verpasste er seinem Blatt einen spaßig-unterhaltenden Sonderteil mit dem Titel: »Ratschlag vom Skandal-Club«.

Defoe und seine Kollegen nutzten die Kaffeehäuser als Redaktionslokale, die in den Zeitschriften sogar als Redaktionsadressen angegeben wurden. Richard Steele spielte sogar ganz bewusst auf die männliche Kaffeehaus-Klatschkultur an, indem er seine Zeitschrift »Tatler« (»Plauderer«) nannte. Klatsch erschien als didaktisch wertvoll, die Konservierung der Kaffeehausgespräche in Heftform sollte die Extreme der damaligen Gesellschaft miteinander versöhnen. Der »Tatler« verlagerte sich deshalb mehr und mehr auf klassische Klatschthemen, von Familienereignissen an europäischen Höfen bis zu den vielschichtigen Angelegenheiten des weiblichen Herzens.

Natürlich grenzte sich der männliche Kaffeehausklatsch dennoch deutlich ab vom weiblichen »gossip«. Das reine Tratschen ohne vorzeigbare ökonomische oder politische Zwecke wurde als spezifisch weiblich diskreditiert, und für Frauen galt in Sachen Kaffeehäuser: »Wir müssen leider draußen bleiben.« Allerdings gab es auch hier eine weibliche Gegenbewegung, denn im Zuge der allgemeinen »Einbürgerung« des Kaffees bildeten sich eigene weibliche Gesprächszirkel um das gemeinsame Kaffeetrinken. Das war die Geburtsstunde des »Kaffeekränzchens« und »Kaffeeklatsches«, über den die Männergesellschaft seit dem Ende des 18. Jahrhunderts die Nase rümpft. Als anrüchig erscheint dabei weniger, *dass* geklatscht wird, sondern vor allem *wie*, nämlich ungeniert und »unökonomisch«. Nichtsdestotrotz – oder gerade deshalb – wurde die deutsche Institution des »Kaffeeklatsches« weltberühmt: Selbst in den USA heißen weibliche Kaffeekränzchen bis heute »coffeeklatsch«.

Wenn Männer klatschen ...

Ein berühmtes Beispiel für die männliche Lust am Klatsch lieferten die französischen Literatenbrüder Edmond und Jules de Goncourt mit ihren offenherzigen Tagebüchern. Begonnen am 2. Dezember 1851 und nach Jules' frühem Tod 1870 von Edmond allein fortgeführt, sollten die Aufzeichnungen dazu dienen, den Menschen in seiner intimen Wahrheit darzustellen. »Es gibt nur *eine* Biografie, die gesprochene Biografie, jene, die die Freiheit, die Unmittelbarkeit, den Klatsch, die ehrliche Begeisterung des intimen Gesprächs hat«, konstatierte Edmond de Goncourt. »Diese Biografie haben wir mit dem Tagebuch von unseren Zeitgenossen zu geben versucht.«

Die Aufzeichnungen waren so detailliert und ungeschminkt, dass bereits erste Auszüge heftige Proteste bei den Betroffenen auslösten. Die klatschhaften Brüder verfügten deshalb testamentarisch, dass die Tagebücher erst zwanzig Jahre nach ihrem Tod komplett veröffentlicht werden dürften. Später wurde die Frist auf sechzig Jahre verlängert, um allen juristischen Konsequenzen mit hinterbliebenen Klatschopfern aus dem Weg zu gehen.

Warum diese Vorsicht angebracht war, illustriert eine Tagebuchaufzeichnung vom 31. Januar 1858 über den Schriftsteller Alexandre Dumas: »Beim Diner Plauderei mit Dumas. Alle Literaten stimmen darin überein, dass das mit Literatur nichts zu tun hat. Dann reden wir über den Menschen Dumas ... Dumas ist der vorsichtigste von der ganzen Welt, keinerlei Leidenschaft, vögelt nur ganz regelmäßig, liebt nicht, weil es das Blut in Wallung und die Zeit durcheinanderbringt, will nicht heiraten, weil es zeitraubend ist, sein Gefühlsleben ist so geregelt wie ein Uhrwerk, sein Leben wie ein Notenblatt.«

Ähnlich klatschhaltig ist das »Geheime Tagebuch« des englischen Marinesekretärs Samuel Pepys: 3100 Seiten, niedergeschrieben von 1660 bis 1669, die erst 1818 entdeckt wurden. Bis in banalste Details beschrieb Pepys seine bürgerliche Umgebung und porträtierte zugleich sich selbst als typischen Emporkömmling, der fleischlichen Gelüsten stets wohlgesonnen war. Dabei schilderte Pepys auch eine frühe Kaffeehaus-Variante des viralen Marketings: Als Kanzleiangestellter eines hohen Marineoffiziers sollte er eine kriegstreibende Geschichte von Engländern in holländischen Handschellen erzählen, »wo sie sich verbreiten würde wie Lepra«.

Wer klatscht mehr?

Dass es auch männliche Klatsch-Klischees gibt, macht schon der Beruf – beziehungsweise der Ruf – des Friseurs deutlich. In vielen Gesellschaften gilt der Friseursalon als Hochburg des Klatsches. In einer ähnlich klassischen Klatschposition befindet sich auch der Hausmeister, bei dem sich das Insiderwissen über die Mieter sammelt. Auf beiden Seiten der Geschlechter gibt es also Klatschklischees und nachweisbare Klatschgelüste. Aber wer ist klatschverliebter: Frauen oder Männer?

Über die Sprachfreudigkeit der Geschlechter gibt es unterschiedliche Erkenntnisse. Soziologen haben ermittelt, dass Frauen am Tag durchschnittlich 23 000 Wörter sprechen, Männer dagegen nur 12 000. Andere Studien verorten Frauen bei 20 000 Wörtern, Männer gar bei maulfaulen 7000. Dieses Ungleichgewicht könnte genetisch vorgeprägt sein, immerhin bewegen schon weibliche Embryos ihre Kiefer um 30 Prozent häufiger als männliche.

Andererseits sehen diverse Untersuchungen Frauen und Männer in Sachen Quatschquantität gleichauf – oder wähnen sogar einen Vorsprung auf männlicher Seite. So telefonieren laut einer aktuellen Studie zehn Prozent der männlichen Handynutzer pro Tag länger als eine Stunde, während es bei den Frauen nur sieben Prozent sind. Und auch im Medium E-Mail scheinen Männer klatschhafter: Angeblich schreiben sie viel seltener über ihre Arbeit als Frauen, sondern widmen sich lieber »weichen« Themen und haben mehr Spaß am Klatsch. Zumindest auf den indirekten Klatschkanälen scheinen Männer also aktiver zu sein als Frauen.

Unstrittig ist hingegen, dass Frauen und Männer qualitativ unterschiedlich klatschen. Zwar quatschen Frauen und Männer im Schnitt rund zwei Drittel der Gesprächszeit über Zwischenmenschliches. Männer jedoch sprechen wiederum zwei Drittel dieser Zeit über sich selbst, während Frauen sich mit einem Drittel Selbstbespiegelung begnügen und zwei Drittel den Erlebnissen und Handlungen anderer widmen.

Die evolutionsbiologische Erklärung dafür lautet: Männer wollen Konkurrenten ausstechen und ihr Ansehen beziehungsweise ihre Paarungschancen erhöhen, darum sonnen sie sich im eigenen Glanz. Frauen hingegen wollen ihre Nachkommen erfolgreich aufziehen, darum netzwerken sie beim Klatschen. Dem pflichten auch Sozialpsychologen und Soziologen bei: Frauen organisieren sich seit Jahrhunderten zirkulär in Familie, Clan und Dorfgemeinschaft, wobei der Klatsch dazu dient, die Solidarisierung zu pflegen. Männer hingegen organisieren sich hierarchisch und nutzen Klatsch auch, um die eigene Position zu festigen oder zu verbessern, Untergebene zu unterdrücken oder Übergeordnete zu stürzen. Denn Klatsch ist auch ein vielseitig verwendbares Instrument für das Machtmanagement.

Gefährliches Geschwätz: Die Macht des Klatsches

Das öffentliche Geheimnis: Vorsicht, ansteckend!

> Wir sind geborene Polizisten. Was ist Klatsch anderes als die Unterhaltung von Polizisten ohne Exekutivgewalt?
>
> (*Christian Morgenstern*)

Neros Rom: Die erste Hauptstadt des Gerüchts

Klatsch macht mächtig, und jede politische Rebellion wird angefeuert von den Brandbeschleunigern Klatsch und Gerücht. Daher versuchen politische Herrscher seit jeher, die Macht des Klatsches für sich zu nutzen und unliebsame Gerüchte auszulöschen. Die deutlichsten Belege dafür liefern politische Überwachungssysteme, die den Klatsch auskundschaften und kaltstellen wollen, von den Spitzeln der französischen Könige bis zur Stasi in der DDR.

Interessant ist dabei der Fall des römischen Kaisers Nero. In die Geschichte ging Nero ein als grausamer Diktator, der skrupellos Gerüchte für seinen Machtwahn instrumentalisierte. Nero soll psychisch labil, paranoid und zudem exhibitionistisch veranlagt gewesen sein. Jungfrauen soll er von den Straßen Roms in seine Gemächer haben verschleppen lassen, Frauen von Senatoren zur Teilnahme an Orgien gezwungen und die Ehemänner vor ihren Augen ermorden lassen haben. Nachts soll Nero, verkleidet als gewöhnlicher Bürger, durch die Gassen der Stadt gestreift sein und Passanten die Kehle durchgeschnitten haben. Nachdem er sich einmal in einen Jungen verliebt hatte, soll er ihn sich plötzlich lieber als Mädchen gewünscht und kastrieren lassen haben. Zahlreiche Senatoren und Ritter warf er Krokodilen und Löwen zum Fraß vor. Und er ließ nicht nur seinen

Halbbruder Britannicus und seine Mutter Agrippina ermorden, sondern auch seine Frau Octavia – um die attraktive Poppaea zu heiraten.

Highlight des Nero-Klatsches ist jedoch der Große Brand von Rom am 19. Juli 64 n. Chr. Das verängstigte Volk glaubte, der Kaiser selbst habe das Feuer legen lassen, um Platz für seine größenwahnsinnigen Stadtplanungen zu schaffen. Aus Verzückung über den Anblick der Feuersbrunst habe er sogar eine selbstgedichtete Ode über den Untergang Trojas geträllert. Anschließend soll er die Gerüchte, die gegen ihn in Umlauf waren, bekämpft haben, indem er selbst das Gegengerücht streuen ließ, die Christen hätten das Feuer gelegt. Es kam zur ersten Christenverfolgung, wobei Gläubige auf grausamste Art gequält und umgebracht wurden, indem sie wilden Tieren in der Arena vorgeworfen oder zu lebenden Fackeln bei Neros Festen umfunktioniert wurden.

Heute sind sich Historiker noch immer uneins über die Brandursache, aber es scheint sicher, dass Nero damit nichts zu tun hatte. Vielmehr könnten die vermeintlichen Opfer selbst die Täter gewesen sein, sowohl was die Brandstiftung als auch was den damit verbundenen Klatsch betrifft. Die Christen waren damals nämlich keine friedfertige, duldsame Gemeinschaft, sondern eher eine Art Terrorgruppe, die den Tag des Jüngsten Gerichts herbeisehnte und durchaus gewillt war, dem himmlischen Zeitplan nachzuhelfen. Hier bot sich der 19. Juli an, der in der antiken Welt seit jeher als Tag welterneuernder Katastrophen wie Sintflut und Weltenbrand galt. Nach dem Brand wurden zwar tatsächlich Christen beschuldigt und hingerichtet, allerdings betraf das »nur« rund 200 der insgesamt rund 2000 Gläubigen. Der große Brandstiftungsvorwurf gegen die Christen tauchte erst Jahrhunderte nach Neros Tod auf – aus der Feder christlicher Historiker. Haben die Christen sich also selbst eine Legende gestrickt, um die Legende der frühen Christen als friedfertige Märtyrer im kollektiven Bewusstsein zu verankern?

Die systematische Verteufelung Neros, die ihn posthum zum Objekt einer Klatschkampagne machte, veranschaulicht, wie sich Klatsch und Macht wechselseitig bedingen. Und sie macht deutlich, dass man genau hinsehen muss, um zwischen Sünder und Sündenbock unterscheiden zu können.

Von Vorurteilen und Sündenböcken

Jede Gesellschaft braucht Feindbilder, und sie sucht sie dort, wo sie am leichtesten zu finden sind. Eine Minderheit büßt dann für die Fehler der Mehrheit und sorgt so für deren »psychische Entlastung«. Dieses stellvertretende Leiden wird bereits in der Bibel beschrieben: Einem Sündenbock werden die menschlichen Verfehlungen symbolisch aufgeladen, bevor er in die Wüste getrieben wird. Die Geschichte ist voll von solchen Sündenbockjagden, bei denen Gerüchte und Klatsch zu Denunziation und Verfolgung führen.

Die Hexenjagden des Mittelalters wurden von abergläubischen Vorstellungen angefeuert. Das Wiederaufflammen von Ketzerverfolgungen und Teufelsaustreibungen im 17. Jahrhundert diente dazu, ein allgemeines Unsicherheitsgefühl zu lindern. Und immer wieder wurden die Juden als Sündenböcke missbraucht. Hier spielt erneut Luther eine Rolle, der 1543 in seiner Schrift »Von den Juden und ihren Lügen« einen antisemitischen Mix aus Lüge, Gerücht und Verschwörung braute. Solche Pamphlete nährten den Glauben an eine jüdische, später auch zionistische Weltverschwörung, die Adorno zu dem Schluss kommen ließ: »Der Antisemitismus ist das Gerücht über die Juden.«

Als Ventil für Ängste und Aggressionen ist Klatsch eng verwandt mit dem Vorurteil. Vorurteile sind elementar, um ein Gefühl der Gruppenzugehörigkeit zu erzeugen. Das erkannte auch der Soziologe Norbert Elias, der die Stigmatisierung von Außenseitern als zentrale Waffe einer etablierten Gruppe sah. Etablierte belegen Außenseiter mit einer »Gruppenschande«, indem sie ihnen die eigenen schlechten Eigenschaften zuschreiben. Und der Klatsch dient dazu, diese Machtverhältnisse aufrechtzuerhalten. Entweder als Lobklatsch, der konformes Verhalten und das Gruppencharisma der Etablierten stärkt, oder als Schimpfklatsch, der die eigene Geschlossenheit gegenüber den Außenseitern durch bestehende Vorurteile bestätigt.

Jede Gemeinschaft hat nach diesem Schema ihre Lieblings-Sündenböcke. Während des Zweiten Weltkriegs waren an der Ostküste der USA, also in einer weißen, christlichen Umwelt, antisemitische Gerüchte stark verbreitet, während böse Gerüchte über Schwarze vor allem im Süden kursierten. Jüngere Beispiele lieferten die rassistischen Pogrome in Hoyerswerda 1991 oder die Unruhen in Südafrika 2008. Immer wieder müssen Einwanderer und Flüchtlinge als Sündenböcke für hohe Arbeitslosigkeit und fehlende Zukunftsaussichten herhalten. Das ist die dunkle Seite der Klatsch-Macht.

Krieg (mit) dem Klatsch!

Besonders prächtig gedeihen Gerüchte in Zeiten sozialer Unruhe, wenn ein chronischer Mangel an offiziellen Informationen herrscht. Gerüchte bilden dann einen Nachrichtenersatz, der für die Betroffenen Sinn und Ordnung wiederherstellt. Das kann die Belegschaft eines krisengeschüttelten Konzerns sein, die Fangemeinde eines Stars,

Spekulanten an der Börse, Bürger und Parteien vor Wahlen oder ein Volk, das sich im Krieg befindet.

Und schon immer wurde versucht, den Krisen-Klatsch zu kontrollieren. Um sich vor unliebsamen Gerüchten zu schützen, setzten die römischen Kaiser »delatores« (Ankläger, Denunzianten) als öffentliche Gerüchte-Wächter ein. Sie mischten sich unter das Volk, berichteten das Gehörte dem Kaiser und setzten Gerüchte in Umlauf. Auch in Frankreich hat die Anti-Klatsch-Spitzelei Tradition. Im 17. Jahrhundert streiften die »mouches« (Fliegen) genannten Volksspitzel am Palais-Royal, in den Tuilerien und in Pariser Schenken herum, um anschließend schriftliche Notate über den aufgeschnappten Klatsch zu verfassen – eine frühe Form der Stasi-Protokolle. Auch die Französische Revolution ist eng mit dem Gerücht verbunden. Vor der Ausrufung der Republik im September 1792 verbreitete eine patriotisch-aufklärerische Flugschrift mit dem Titel »On me l'a dit« (»Man hat es mir gesagt«) die Warnung vor dem »einzigen und letzten Aristokraten, den wir noch ersticken müssen«: dem Gerücht.

Eine andere Form der Klatschbeobachtung praktizierte Metternichs Geheimpolizei, die heimlich alle Briefe öffnete. Jeden Morgen nach dem Gottesdienst konnte der Kaiser dadurch vergnügt im Intimleben seiner Hauptstadt und seines Hofes schmökern. Abgerundet wurde das Sicherheitssystem durch die raffinierte Verfolgung und Folterung tatsächlicher oder vermeintlicher Freiheitsfreunde.

Wirklich epidemische Ausmaße erreichen Gerüchte in Kriegszeiten. Gefahr und Unsicherheit sorgen dafür, dass Fragen, Spekulationen und »Nachrichten« ganze Regionen und Völker erfassen und Gerüchte dramatisch eskalieren lassen. Nach den Luftangriffen auf Hamburg im Juli 1943, bei denen 30-40000 Menschen starben, sprach man in Norddeutschland von bis zu 80000 Toten, in Süddeutschland von bis zu 150 000, in Schlesien von bis zu 350 000. Zu den weit verbreiteten Gerüchten im Zweiten Weltkrieg zählte die Legende, der Feind – in diesem Fall wahlweise Deutschland oder Polen – werfe Babys aus Flugzeugen.

Jeder Krieg ist auch ein Krieg des Klatsches. Die Angreifer streuen Gerüchte, die Verteidiger versuchen sie zu unterbinden. Schon im Ersten Weltkrieg wurden von Gasballons aus Flugschriften über den Schützengräben verteilt, allein in den letzten drei Kriegsmonaten warfen die Briten 13 Millionen Exemplare ab. Geleitet wurde die Deutschland-Abteilung der britischen Kriegspropaganda übrigens vom Science-Fiction-Schriftsteller H.G. Wells, dem Autor von »Krieg der Welten«: ein Beleg für die enge Verbindung von Kunst und Klatsch, die wir später noch ausführlicher betrachten werden.

Im Zweiten Weltkrieg ließ die deutsche Auslandspropaganda ab 1940 gezielte Klatschkampagnen in den USA durchführen. Diese Methoden wurden wenig später von den Werbestrategen für Reklamekampagnen übernommen und erleben heute unter Schlagworten wie »Word of Mouth-Marketing« eine Renaissance. In den USA streuten die Deutschen damals antisemitisches Gedankengut sowie das Gerüchtegerücht, dass die Nachrichten über deutsche Gräueltaten nur Gerüchte seien.

Die US-Regierung versuchte demoralisierenden Gerüchten psychologisch entgegenzusteuern durch das »Office of Facts and Figures« und das »Office of War Information«. Diese Abteilungen setzten auf (angeblich) harte Fakten als Waffe gegen gefährliche Gerüchte. So wurden eigens journalistische »Gerüchtekliniken« (»Rumor Clinics«) eingerichtet. Mit Hilfe von Psychologen wurden in großen Zeitungen und Magazinen aktuelle Gerüchte widerlegt, die Leser oder »Gerüchtereporter« meldeten, darunter gern Friseure, Taxifahrer oder Gastwirte. Selbst Präsident Roosevelt und General Eisenhower wurden als prominente Anti-Klatscher eingespannt. Und auch die Gerüchteklinik erzeugte ein hartnäckiges Gerüchtegerücht: Wer ein Gerücht verbreite, hieß es, müsse mit einer Strafe von 10 000 Dollar oder längerer Haft rechnen.

Solche Klatschängste wurden im Zweiten Weltkrieg offensiv von allen Kriegsteilnehmern mit Anti-Gerücht-Plakaten geschürt. Ein Motiv aus den USA zeigte Hitler, Mussolini und den japanischen Kaiser, die als neugierige Drillinge die Ohren spitzen, darunter die Zeile »Enemy ears are listening«, und Uncle Sam, der den Finger vor den Mund legt und verkündet: »I'm counting on you. Think before you talk.« Andere Plakate zierten Anti-Tratsch-Reime (»Zip your lip and save a ship«) oder einen traurigen Hund, der den Kopf auf den leeren Sessel seines Herrchens legt, während die Trauerfahne an der Wand verkündet: »... because someone talked.«

In England florierten die »Careless Talk Costs Lives«-Poster. Ein Exemplar zeigte zwei schwatzende Frauen auf einer Zugbank, zwei Reihen dahinter sitzen Hitler und Göring, dazu die Warnung: »You never know who's listening! Loose lips sink ships!« Die Plakate im Hitler-Deutschland straften stramm »Schäm dich, Schwätzer«, warnten »Psst, Feind hört mit!« oder verkündeten hölzern: »Verderbt Stimmung und Haltung nicht durch Weitergabe von Gerüchten und übertriebenen Erlebnisschilderungen.« Kreativer waren die Franzosen: Ein Plakat zeigte einen Zivilisten und einen Soldaten, die sich im Café unterhalten – wobei der Krug auf dem Tisch Hitlers Gesichtszüge trägt und die Ohren spitzt.

Wie Klatsch direkt zur Kriegsanzettelung benutzt werden kann, zeigt die »Brutkasten-Lüge« vor dem Golfkrieg 1991 – die zugleich belegt, dass der Vorwurf der Babymisshandlung offenbar zur zeitlosen Folklore internationaler

Kriegsgerüchte zählt. Im Oktober 1990 berichtete ein 15-jähriges kuwaitisches Mädchen vor dem Menschenrechtsausschuss des US-Kongresses, sie habe gesehen, wie irakische Soldaten in einem Krankenhaus in Kuwait City 300 Babys aus Brutkästen gerissen hätten und sterben ließen. Der Auftritt, der weltweit gesendet und mehrmals von Präsident Bush zitiert wurde, trug dazu bei, dass der US-Senat im Januar 1991 dem Krieg gegen den Irak zustimmte. Erst später stellte sich heraus, dass das Mädchen nie in dem Krankenhaus gearbeitet hatte, sondern die Tochter des kuwaitischen Botschafters in den USA war. Der Auftritt war eine inszenierte Aktion der PR-Agentur Hill & Knowlton, die von der Organisation »Citizens for a free Kuwait« zehn Millionen Dollar erhalten hatte, um so letzte Zweifler vom Krieg zu überzeugen.

Klatsch ist unkaputtbar

Weshalb sind Klatsch und Gerüchte so leicht zu entfachen und so schwer totzukriegen? Einem chinesischen Sprichwort zufolge gleicht die üble Nachrede einem Sack Federn, der übers Land verstreut wird: Sind sie einmal verstreut, vermag nichts sie wieder einzufangen, weder eine Entschuldigung noch eine Richtigstellung.

Schuld daran, dass Klatsch so gut hängen bleibt, ist nicht zuletzt die Funktionsweise des menschlichen Gehirns. Wir ergänzen bruchstückhafte Wahrnehmungen stets zu einem sinnvollen Gesamtbild und erinnern uns besonders gut an negative Botschaften. So erhöht die Einführung eines negativen Elements in einen Satz in jedem Fall den Informationswert der Botschaft – und damit auch die Chancen, weitergeklatscht zu werden.

Grundsätzlich schenken wir Klatsch sogar mehr Glauben

als Sachinformationen. Bei einem Experiment konnten die Teilnehmer Geldbeträge entweder behalten oder zum Teil an Mitspieler abgeben, was sich bei späteren Spielrunden als positiver oder negativer Klatsch auswirken konnte. Am Ende zeigte sich, dass Entscheidungen am stärksten von Klatsch beeinflusst werden, selbst wenn alle neutralen und wichtigen Informationen über eine Person bekannt sind. Nach lobendem Klatsch kooperierten die Spieler um zwanzig Prozent häufiger, bei negativem um zwanzig Prozent seltener.

Klatsch sucht nicht nach Aufklärung, sondern nach Bestätigung, er ist eine Form von Information, die wir intuitiv glauben *wollen*. Daher sind Gegendarstellungen meist machtlos. Gerüchte lassen sich nicht dementieren, weil ein Dementi nicht zuletzt auch das Vorhandensein des Gerüchts beweist. Oft erfährt man sogar erst dadurch vom Gerücht. Untersuchungen belegen, dass man sich von einem Gerücht betroffen fühlen kann, selbst wenn man dieses Gerücht nicht glaubt. Umgekehrt kann man von einem Dementi negativ beeinflusst werden, selbst wenn man dem Dementi glaubt. Ein Gerüchte-Dementi muss also besonders überzeugend sein, um nicht auch noch diejenigen zu infizieren, die das Gerücht erst durch Dementi entdecken.

Damit zeigt sich erneut, wie klatschaffin die menschliche Wahrnehmung ist. Was wir einmal gelernt haben, das behalten wir auch, zumindest für eine gewisse Zeit. Ein Dementi ist also nicht die Löschung einer Information, sondern die Speicherung einer oder auch zweier Zusatzinformationen. Sobald sich unsere Gefühle und Eindrücke erst einmal herausgebildet haben, werden sie fast vollkommen unabhängig von den zugrundeliegenden Fakten. Daher kann die Widerlegung der Fakten diese gespeicherten Gefühle auch nicht einfach ausradieren.

Insofern lässt sich Klatsch auch als eine Art Selffulfilling

Prophecy betrachten. Bei häufigem oder intensivem Gebrauch vermehrt er sich quasi von selbst. Wir glauben offenbar nicht unbedingt das, was wahr ist, sondern das, was wir oft genug zu hören kriegen. Diese klatschhafte Manipulation der Psyche lässt sich entsprechend ausnutzen: So reden zum Beispiel Börsianer eine Hausse oder Baisse herbei, denn Aktienkurse sind zu 90 Prozent psychologisch bedingt.

Eine wesentlich wirksamere Klatschbekämpfung als die Widerlegung von Klatsch ist das Klatschen selbst. Wer Klatsch über sich verhindern will, muss selbst mitklatschen, denn geklatscht wird nur über Abwesende. Allerdings sollte man dabei in Maßen vorgehen, denn wer ständig tratscht, wird am Ende selbst zum Klatschthema. Klatsch ist also ein selbstregulatives System: Manipulatoren schlägt es früher oder später mit ihren eigenen Waffen.

Von Komplizen und Konformisten

> Es wird wenige geben, welche, wenn sie um Stoff zur Unterhaltung verlegen sind, nicht die geheimeren Angelegenheiten ihrer Freunde preisgeben. (*Friedrich Nietzsche*)

Das Böse, das Gutes schafft

Klatsch ist eine kommunikative Gratwanderung. Einerseits ist er unterhaltsam und informativ, schafft Vertrauen und baut Aggressionen ab. Andererseits beruht er oft auf wenig ehrbaren Motiven wie Neid, Eifersucht, Geltungsdrang oder Rache und kann so zu Verleumdung und Rufmord mutieren. Klatsch wird öffentlich geächtet, aber privat lustvoll praktiziert. Er ist präzise und detailliert, bleibt aber zugleich vage und andeutend. Er verbreitet moralisch kontaminiertes Wissen, aber in harmloser Verpackung. Und er vereint Entrüstung mit Verständnis, weil er stets auch versöhnende Elemente enthält. Wie kann diese hochkomplexe Kommunikation funktionieren?

Ein zentrales Merkmal von Klatsch ist es, dass ein bestimmtes (Fehl-)Verhalten zum Charaktertypus überhöht wird. Das »Klatschobjekt« erhält den Status des Exemplarischen oder auch Rätselhaften, dessen Hintergründe spekulativ zu ergründen sind. Klatschende verhalten sich wie Detektive: Sie versuchen, einem moralischen Verstoß auf die Schliche zu kommen, indem sie die Motive und den genauen Tathergang rekonstruieren. Die Klatschgeschichte wird also detailliert nacherzählt und zugleich moralisch typisiert, womit das Klatschobjekt »entindividualisiert« wird. Hier finden sich auch die Motive für den Klatsch über Stars und Vorgesetzte: Die Großen werden klein geklatscht.

Weil Klatschende sich immer auch moralisch entrüsten, sind Klatschgeschichten grundsätzlich tendenziös. Sie ergreifen Partei gegen unkonformes Verhalten. Damit bilden sie eine wirksame Form sozialer Kontrolle, die Normen und Werte einer Gemeinschaft sichert. Klatsch schweißt die Gruppenmitglieder zusammen und stärkt die Gemeinschaftsidentität. Das gilt nicht nur für die Klatschenden selbst, sondern auch für diejenigen, über die geklatscht wird: Weil nur über Gruppenmitglieder getratscht wird, werden auch die Klatschopfer indirekt als Teil der Gruppe bestätigt. So ist Klatsch auch ein Appell, sich einem kollektiven Konsens anzuschließen und aktiv an der Gruppe teilzunehmen.

Das faszinierendste Klatschmerkmal ist allerdings die paradoxe Tatsache, dass er nur funktionieren kann, wenn er selbst geächtet wird. Erst das ungeschriebene »Verbot« des Klatsches aktiviert ja das soziale Beziehungsnetz aus Freunden und Bekannten, jenen »Inner Circle« des Vertrauens, in dem man geschützt Gerüchte verbreiten kann. Klatsch ist das, »was jeder öffentlich verabscheut und insgeheim genießt«, meinte der Schriftsteller Joseph Conrad. Nur so ist das soziale Wunder möglich, dass eine moralische Verfehlung in einer Gemeinschaft geheim bleiben kann, obwohl alle davon wissen. Oder wie ein jüdisches Sprichwort besagt: »Es gibt Geheimnisse, von denen man nicht wüsste, wenn sie keine Geheimnisse wären.«

Der Klatsch-Kitzel beruht also auf der Spannung zwischen dem, was jemand öffentlich kundtut, und dem, was er als Privatangelegenheit abgeschirmt wissen will. Geklatscht werden kann nur über jemanden, der eine Privatheit für sich reklamiert. Deshalb kann man auch nicht über Kleinkinder klatschen: Sie kennen noch nicht den Unterschied zwischen öffentlich und privat.

Verrat macht vertraut

Weshalb gleicht Klatsch einer dreigezackten Zunge?«, fragt der Babylonische Talmud. »Weil er drei Menschen zerstört: denjenigen, der ihn verbreitet, denjenigen, der ihm zuhört, und denjenigen, von dem er handelt.« Vor allem aber verbindet Klatsch zwei Menschen: denjenigen, der den Klatsch verbreitet, und denjenigen, der ihn sich anhört. Das indiskrete Klatschwissen erfordert eine diskrete Behandlung und macht die Klatschenden zu Mitwissern und Komplizen.

Wer klatscht, handelt indiskret, indem er sein Wissen weitergibt. Und er handelt zugleich diskret, indem er das Wissen nicht wahllos verbreitet, sondern nur gezielt an gemeinsame Freunde und Bekannte. Er verstößt gegen das Diskretionsgebot und respektiert es zugleich. Wenn ich Informationen über private Angelegenheiten eines Freundes habe, bin ich ihm gegenüber zur Diskretion verpflichtet: Ich darf diese Informationen nicht beliebig weiterplaudern. Andererseits bin ich aber auch meinen anderen Freunden gegenüber zur Loyalität verpflichtet: Ich darf ihnen interessante Informationen nicht verschweigen. Wer dieses Gebot zum Mitklatschen missachtet, etwa indem er vergisst, die Verlobung einer Kollegin am Arbeitsplatz weiterzuklatschen, macht sich einer unterlassenen Klatschleistung schuldig.

Beim Klatschen selbst machen sich dagegen gleich mehrere schuldig, denn man tut gemeinsam etwas, das sich eigentlich nicht gehört. Das geteilte Klatschgeheimnis wirkt dann wie ein Bestechungsdelikt mit zwei Tätern: dem, der besticht, und dem, der sich bestechen lässt. Jeder Klatschproduzent testet deshalb im Vorfeld einer Klatschaktion zunächst die Bestechlichkeitsbereitschaft des potenziellen Klatschkonsumenten.

Als Geheimnisbruch ist eine Klatschgeschichte eine seltene, kostbare Information, deren Weitergabe Nervenkitzel und Vergnügen bereitet. Jeder kann sich dabei fühlen wie ein kleiner Chefredakteur, der exklusive Schlagzeilen verbreitet und gespannt die Reaktionen genießt. Und der Zwang zur Komplizenschaft motiviert zur Serienproduktion von Klatschgeschichten, analog zu den »Weiterdrehs« der Klatschmagazine.

Und noch etwas macht Klatschen attraktiv: Wer andere in ein Geheimnis einweiht, erhöht sein Ansehen. Er gilt als Aufklärer oder als Bewahrer eines kostbaren Wissens. Insofern ist jede klatschhafte Denunziation ein echter Statusgewinn – und zwar umso mehr, je brisanter der Klatsch und je bedeutender die beklatschte Person ist. Bei einem Experiment wurden Studenten nach der Lektüre von Klatschzeitschriften gefragt, an welche Artikel sie sich erinnerten. Männer behielten vor allem die Verfehlungen männlicher Stars im Kopf, Frauen Negatives über weibliche Stars. Wir bevorzugen also intuitiv Informationen, mit denen wir unsere potenzielle Konkurrenz ausstechen können.

Doch auch positiver Klatsch über Prominente und Vorgesetzte kann zu Statusvorteilen führen. Das Ansehen eines hochrangigen Klatschobjekts färbt nämlich auf den Klatschenden ab, der sich mit seinen Informationen als »Vertrauter« präsentieren kann – eine Art kommunikatives Parasitentum.

Wenn Geschwätz hysterisch wird

Klatsch verbreitet einen sanften Zwang zum Konformismus, sowohl unter den Klatschenden selbst als auch unter den Klatschopfern, die das schlechte Gerede fürchten. Dieser Anpassungsdruck ist besonders gut beobachtbar bei

Phänomenen kollektiver Entrüstung, die durch Gerüchte verbreitet werden. Die Literaturwissenschaftlerin und Historikerin Elaine Showalter hat Massenhysterien, die aus Gerüchten entstehen und mit Ängsten und Schuldzuweisungen einhergehen, dokumentiert und »Hystories« getauft. Diese hysterischen Geschichten starten als individuelle Einzelfälle und wachsen sich zu kollektiven Paniken aus, über die man endlos weiterquatschen kann. Eine dieser Geschichten ist die Hysterie selbst.

Erfunden wurde die Hysterie Ende des 19. Jahrhunderts in Paris, ihr Begründer ist der französische Neurologe Jean-Martin Charcot. Die Ärztewelt feierte ihn als »Herrscher über die Hysterie«, Zeitungen und Romane machten seine Theorien populär und tausende Klientinnen belagerten seine Klinik, die Pitié-Salpêtrière, um sich behandeln zu lassen. Charcot entwickelte eine regelrechte Ikonografie der Hysterie, inklusive theatralischer Verrenkungen und Grimassen: kunstvolle Kulturschablonen für wahnsinniges Verhalten, die zum Weiterklatschen und Nachmachen einluden.

Dabei schadete es nicht, dass auch der Klatsch über Charcot selbst florierte. Über diesen Superstar im Wissenschaftsbetrieb tratschten sogar die Brüder Goncourt. In ihren Tagebüchern berichten sie, er plaudere die persönlichen Geheimnisse seiner Patientinnen aus – die ihrerseits zu Ikonen wurden. Blanche Wittman etwa erhielt den Titel »Königin der Hysterikerinnen«, ebenso schwärmte die medizinische Welt von Augustine und ihren »erstaunlichen kataleptischen, lethargischen und somnambulischen Kunststücken« unter Hypnose. Sie wurde gemalt und fotografiert, avancierte zur Kultfigur der Surrealisten – und verbrachte den Rest ihres Lebens im Krankenhaus.

Zu den bekanntesten modernen Hysterie-Epidemien zählen Magersucht und Bulimie. Auch hier steht am Anfang ein Ur-Skript des Krankheitsbildes, das mimetische Klatschkarriere machte. In den 70er-Jahren brachte die Psychiatrie-Professorin Hilde Bruch Magersucht mit »pubertären Entwicklungskrisen« und familiären Spannungen in Verbindung. Wenig später machten Selbsterfahrungszirkel das Phänomen gesellschaftsfähig, inklusive erster Promi-Bekenntnisse, etwa von Jane Fonda. So wurden auch jene Mädchen, die noch immer nichts davon gehört hatten, mit Erbrechen als einer Form der Gewichtskontrolle bekannt gemacht. Später feierte die Bulimie dann Triumphe mit der Leidensgeschichte von Prinzessin Diana.

Hysterischer Klatsch wird vor allem durch mediale Verbreitung epidemisch, durch Geschichten in Ratgeberbüchern, Zeitungsartikel, Fernsehserien, Talkshows und Spielfilme. Und durch das Internet, das ihn ansteckender und unkontrollierbarer denn je macht. Immer aber zeigt sich dabei, dass Klatsch ein wichtiges Instrument sozialer Kontrolle ist. Wir passen uns an das an, was als »normal« empfunden werden soll, und geraten dabei leicht in einen Strudel des Mitklatschzwangs.

Die Klatschspirale und die Schweigespirale

Hysterische Klatschepidemien können sich so erfolgreich verbreiten, weil Imitation ein menschlicher Überlebensmechanismus ist. Wie Fische, die beim Kontaktverlust zum Schwarm in Lebensgefahr geraten, müssen auch wir unsere soziale Umgebung beobachten und nachahmen, um integriert zu bleiben, um Neues nicht zu verpassen und unseren sozialen Status zu erhalten oder zu verbessern. Dieser Hang zum Dazugehören lässt sich überall beobachten, etwa beim An- und Abschwellen des Applauses nach einem Konzert – einem kollektiven Klatsch-Phänomen im wahrsten Sinne des Wortes, das bekanntlich äußerst ansteckend und sogar verpflichtend sein kann. Ein anderes Beispiel ist der soziale Druck, der den Siegeszug des Handys ebnete: Die Sorge um den persönlichen Status feuerte zum Mitmachen an.

Doch Klatsch hat nicht nur die Macht, uns für gruppendynamische Aktionen zu begeistern, sondern kann uns auch dazu bewegen, kollektive Pseudo-Wahrheiten anzuerkennen und weiterzuverbreiten. Schon 1952 erschütterte ein Laborexperiment das Bild vom mündigen Menschen: Die Versuchspersonen sollten schlicht und einfach zwei gleich lange Linien identifizieren – doch 60 Prozent schlossen sich mit ihrer Einschätzung mehrmals der offensichtlich falschen Einschätzung der Mehrheit an. Und bei einer Studie über »Scheinerinnerungen« nach dem Irak-Krieg gaben zwar alle Befragten korrekt an, dass im Irak keine Massenvernichtungswaffen gefunden worden waren. Diejenigen aber, die den Krieg für legitim hielten, meinten sich dennoch vage an solche Funde zu erinnern.

Beim Klatsch-Rudeltrieb folgen wir gern den dominanten Alphatieren. So wie das Heulen der Wölfe, das den Zusammenhalt des Rudels stärkt, meistens von ranghohen Rudelmitgliedern ausgeht, folgt auch die Spezies Mensch ihren Leitwölfen. Das zeigt sich schon beim Überqueren der Straße: In einem Experiment ging nur ein Prozent der Probanden von sich aus bei Rot über die Straße. Gab es einen »Vormacher« aus einer einfachen Schicht, folgten immerhin vier Prozent. Einem Rotgänger aber, der die Merkmale der Oberschicht trug, schlossen sich 14 Prozent an.

Die Klatschspirale motiviert dazu, der Mehrheit nach dem Mund zu reden. Und sie hat eine Kehrseite, die mundtot macht: die Schweigespirale. Schon 1690 beschrieb der Philosoph John Locke, wie die Öffentlichkeit als oberste Urteilsinstanz bewirkt, dass sich Menschen aus Angst vor

Isolation konform verhalten: »Das, was wir unsere Meinung nennen, gehört uns nicht, ist nicht von uns erzeugt, ist ein einfacher Widerschein der Meinung der anderen.«

1980 griff Elisabeth Noelle-Neumann diese Gedanken auf und analysierte, wie die Schweigespirale funktioniert. Sie wies nach, dass Menschen, deren Ansichten abweichen von der in den Medien wiedergegebenen Mehrheitsmeinung, lieber schweigen anstatt anzuecken. Die siegessichere Fraktion ist redebereit und beeinflusst dadurch andere, sich ihnen, den offensichtlich Stärkeren und Wachsenden, anzuschließen – und ihre Ideen weiterzuklatschen. Die Schwachen tendieren zum Schweigen. So ergänzen sich Klatsch- und Schweigespirale: Nur wer konform mitklatscht, gehört dazu. Die Schweigespirale kann aus der Minderheitsmeinung der Medien mit der Zeit sogar eine Mehrheitsmeinung formen.

Entscheidend ist also die Rolle der Medien, denn wer seinen Standpunkt nicht in den Medien vertreten findet, kann auch nicht mitreden – geschweige denn mitklatschen. Wem geläufige, populäre Worte und Wendungen fehlen, der kann auch keinen Standpunkt verteidigen. Insofern ist »öffentliche Meinung« eigentlich gleichbedeutend mit veröffentlichter Meinung: Die Medien geben die Verhaltensweisen vor, die man in der Öffentlichkeit äußern oder zeigen muss, wenn man sich nicht isolieren will.

Stars & Skandale:
Das Storytelling der Massenmedien

Real ist, was medial ist

Das Zeitungslesen des Morgens ist eine Art von realistischem Morgensegen
(*Georg Wilhelm Friedrich Hegel*)

Das Gerücht von der Wirklichkeit

Aus dem Ersten Weltkrieg ist ein schönes Beispiel einer medialen »Flüsterpost« überliefert. Es beginnt bei der »Kölnischen Zeitung«, die vermeldete, Antwerpen habe sich den deutschen Truppen ergeben: »Als man den Fall Antwerpens gemeldet hat, wurden die Glocken geläutet« – wohlgemerkt in Deutschland, um den Sieg zu feiern. Daraufhin berichtete die französische Zeitung »Le Matin«: »Wie die ›Kölnische Zeitung‹ meldet, hat man die Antwerpener Geistlichen gezwungen, die Glocken zu läuten, als die Festung eingenommen wurde.« In der englischen »Times« hieß es wenig später: »Wie ›Le Matin‹ aus Köln meldet, wurden die belgischen Priester, die sich geweigert gaben, beim Fall Antwerpens die Glocken zu läuten, ihres Amtes enthoben.«

Der italienische »Corriere della Sera« klatschte weiter: »Wie die ›Times‹ unter Berufung auf Berichte meldet, die ihr aus Köln (über Paris) zugegangen sind, wurden die unglücklichen Priester, die sich geweigert haben, bei der Einnahme Antwerpens die Glocken zu läuten, zur Zwangsarbeit verurteilt.« Daraufhin erneut »Le Matin«: »Nach einem Bericht des ›Corriere della Sera‹, der ihm über Köln und London zugegangen ist, hat sich bestätigt, dass die unglücklichen Priester für ihre heldenhafte Weigerung, die Glocken zu läuten, von den barbarischen Eroberern Antwerpens damit bestraft wurden, dass man sie mit dem Kopf nach unten wie lebendige Glockenschwengel in die Glocken hängte.«

Diese Faktenverdrehung spiegelt die damaligen Verhältnisse und Vorurteile wider. So war man in Frankreich geneigt, sich an Deutschland zu revanchieren, die Schmach des Krieges von 1870 zu tilgen und die latenten Angstgefühle der französischen Bevölkerung gegenüber den Deutschen zu bestätigen. Vor allem aber zeigen die Manipulationen der Wirklichkeit, dass die vermeintlichen Fakten der Massenmedien mitunter purer Klatsch sein können. Das meiste, was wir zu wissen glauben, ist uns lediglich erzählt worden und wird gestützt durch unser Vertrauen in Instanzen, Autoritäten, Zeugen und Experten. »Was wir über unsere Gesellschaft, ja über die Welt, in der wir leben, wissen, wissen wir durch die Massenmedien«, brachte Niklas Luhmann diesen Sachverhalt auf den Punkt. Unsere Welt besteht aus Gerüchten, die uns die Medien weiterklatschen.

Die Massenmedien interessieren sich weniger dafür, wie die Wirklichkeit »wirklich« ist, als dafür, wie ihr Publikum die Wirklichkeit sieht, was ihre Leser oder Zuschauer für wichtig halten. Und die Leser möchten das serviert bekommen, was sie erwarten. Sie lesen die Zeitungen nicht wirklich, sondern »steigen jeden Morgen in sie hinein wie in ein heißes Bad«, meinte der Medientheoretiker Marshall McLuhan. Medial vermittelte Erfahrungen erscheinen uns sogar authentischer als unsere eigenen, die wir demgegenüber als einseitig und zufällig betrachten. Anhand der medialen Berichterstattung lässt sich also gut beobachten, wie Klatsch- und Schweigespirale ineinander greifen – weil die Medien selbst bestimmen, was passiert.

Massenmedien können sogar einen zeitlichen Vorsprung vor den tatsächlichen Geschehnissen haben. Sie stoßen Themen an, üben eine »agenda-setting function« aus. Die »öffentliche Meinung« ist ein Klatschprodukt der Meinungsbildungsmaschinerie. Sie spiegelt nicht wider, was wir meinen, sondern eher, was wir zu meinen meinen. Wie wir dabei den Medien auf den Leim gehen können, zeigt zum Beispiel der »Borderline-Journalismus« von Tom Kummer, dessen frei erfundene Interviews mit Brad Pitt, Sharon Stone oder Kim Basinger reißenden Absatz fanden. Den Betrug rechtfertigte Kummer als »Werk der Montage«.

Ein Paradebeispiel dafür, wie sich die Medien zum Narren halten lassen, sind die gefälschten Hitler-Tagebücher, die 1983 einen der größten Skandale in der deutschen Pressegeschichte auslösten. Für 9,3 Millionen Mark hatte das Magazin »Stern« 62 der vermeintlichen Hitler-Tagebücher gekauft; ihr stolzer Entdecker, »Stern«-Reporter Gerd Heidemann, behauptete sogar, »große Teile der deutschen Geschichte müssen umgeschrieben werden«. In den beiden Bänden, die vom »Stern« veröffentlicht wurden, ging es allerdings meist um Banales wie eine angebliche Tablettensucht Hitlers oder seinen Unmut über Goebbels' »Frauengeschichten«.

Gravierendere Folgen hatte diese Mediengläubigkeit am 30. Oktober 1938. An diesem Tag lief Orson Welles' Hörspiel »Invasion vom Mars« im amerikanischen Radio: eine Simulation der Ereignisse, die eintreten würden, wenn ein Ufo in New York landen würde, um eine Invasion der Marsbewohner vorzubereiten. Die Pseudo-Direktübertragung mit Live-Reportern, Astronomie- und Astrophysik-Experten, Generälen und Rotkreuz-Funktionären sorgte für eine Panik unter der US-Bevölkerung, viele brachen zusammen oder versuchten, in ihren Autos zu fliehen.

Adorno hatte also nicht ganz Unrecht, als er die Massenmedien als »Instanzen des Massenbetrugs« brandmarkte. Allerdings haben wir keine Alternative, denn es gibt keine Position außerhalb dieser Medienwirklichkeit. Wir müssen dem Klatsch der Massenmedien vertrauen, weil er uns

– wie der Klatsch im Privaten – mit lebenswichtigen Informationen und Details versorgt, mit dem, was in einer immer komplexer werdenden Umwelt immer wichtiger wird: soziale Orientierung.

Um im Alltag die richtigen Entscheidungen treffen zu können, müssen wir wissen, was sich in unserer Nachbarschaft, in unserem Land, in der Welt tut, von Verkehrsproblemen bis zu Naturkatastrophen. Die Massenmedien bringen uns auf einen gemeinsamen Informationsnenner. Sie reduzieren die Weltkomplexität und ersparen uns Zeit für die Informationsbeschaffung und -bewertung. Und sie unterhalten uns mit »echtem« Klatsch: Wer hat was mit wem? Welches Verhalten ist angemessen, welches nicht? Indem uns die Medien mögliche Erfahrungs-, Denk- und Handlungsweisen vorführen, trainieren sie unsere soziale Geschicklichkeit. So ermöglicht uns der mediale Klatsch einen Blick über den eigenen Tellerrand. Er zeigt die Gesellschaft als Ganzes.

Skandale, Storys und Schurken

Alles, was im Mediensystem geschieht, wird darauf getestet, ob sich eine Story mit handelnden Personen daraus machen lässt. Optimalerweise ist das ein Skandal oder eine Katastrophe. Schließlich orientieren sich die Medien weniger an exakten Informationen als an den Empörungsbedürfnissen des Publikums, genauso wie der Klatscherzähler beim »kleinen« Klatsch im Privaten.

Statistisch gesehen ist die Tendenz zur medialen Skandalisierung und Emotionalisierung in den vergangenen Jahrzehnten deutlich angestiegen. Ein erster Boom fand statt in den 1980ern mit Aufregern wie Waldsterben oder Tschernobyl, heute sind Klimawandel und Lebensmittelrisiken beliebte Skandal-Themen. Und die weltweite Vernetzung durch Funk, Fernsehen und Internet sorgt dafür, dass über Naturkatastrophen, Hungersnöte und Attentate selbst in entlegenen Regionen in Echtzeit berichtet wird. So bewahrheitet sich, was Marshall McLuhan bereits in den 1960ern ahnte: Die Welt wird zum Dorf, in dem jeder mit und über jeden klatscht – auch wenn globale Gefühlsöffentlichkeiten nur durch seltene Mega-Ereignisse wie Golfkrieg, Tsunami-Katastrophe oder 9/11 entstehen.

Katastrophennews wollen nicht informieren, sondern bieten eine moralisch verhüllte Form des Voyeurismus: den Empörungsgenuss der Distanz gegenüber dem Leiden anderer. Der Medien- und Klatschkonsument ist gerade als unglückliches Bewusstsein glücklich. »Leiden-sehn thut wohl«, wusste schon Nietzsche. Diese »Wohltat« ist sogar empirisch messbar, denn Horrornachrichten lösen beim Zuschauer ein hohes Maß an Erregung aus.

Die ideale Medienmeldung ist daher eine einfache Skandal- oder Katastrophenstory, gern mit einem oder mehreren Schurken, die optimalerweise in einen längerfristigen Meinungsstreit mündet. Dabei folgt die Darbietung einem klaren Plot. Zunächst wird eine zentrale Metapher für das Geschehen kreiert, ein großes Bild oder eine große Erzählung. Um sie herum gruppieren sich dann viele kleine Schicksalsstorys. Und am Ende steht die Suche nach den Schuldigen. Das Schema entspricht dem des Privatklatsches, wo das Opfer zunächst typisiert wird, um vor diesem Hintergrund die konkrete Klatschgeschichte zu erzählen, die schließlich moralisch bewertet wird.

Medienklatsch reduziert die Komplexität der Welt auf Täter und Opfer, Entscheider und Betroffene. So wie Katastrophen irritieren und erregen, wirkt diese moralisierende Personifizierung stabilisierend und beruhigend. Denn über Personen, die man verantwortlich machen kann, lässt sich die Welt auf simple Formeln bringen: Bush ist das Böse, Diana das Gute, Obama der Erlöser. Besonders gut zu beobachten sind diese Personalisierungen im bunten Reich der Unterhaltung. Hier wirken die Massenmedien wie die antiken Mythen: Sie verpacken die bedrohlichen Mächte der Welt in ein Sicherheitsnetz aus Storys. »Journalismus ist Literatur in Eile«, befand schon der englische Dichter Matthew Arnold: Das System der Massenmedien ist eine große Maschinerie des Storytellings. Denn Journalismus besteht immer aus Fakten *und* Fiktionen.

Das Kalkül der Klatschpresse

> Was Große tun, beschwatzen gern die Kleinen. (*William Shakespeare*)

Promi-Klatsch: Die Lust am Spekulieren

Im Reich der Massenmedien ist Klatsch König – und die Hofberichterstattung eine Allzweckwaffe im Kampf um Aufmerksamkeit. Als Munition dienen Stars und Promis, die ihrerseits ohne Klatsch und Tratsch undenkbar wären. Promi-Klatschstorys sind immer Zwitterwesen: halb Nachricht, halb Erzählung, eine journalistische Mixtur aus Privatheit und Öffentlichkeit, Fakten und Fiktionen. Eine chronische Ungewissheit und Mehrdeutigkeit ist für Promi-Klatsch ebenso essenziell wie für den Klatsch im Privaten: Fehlt das Geheimnis, wird auch der Klatsch uninteressant. Stars sind daher immer umgeben von einer Aura des Geheimnisvollen, die zu Spekulationen auffordert. Und erfolgreiche Klatschjournalisten sind stets gute Geschichtenerzähler, die diese Spekulationen glaubhaft zu füttern verstehen.

So wie der Klatsch im Privaten, moralisiert und skandalisiert auch der Klatsch über Stars und Promis. Auch er funktioniert als soziale Kontrolle, nur eben nicht in kleinen Gruppen, sondern im öffentlichen Raum. Prominente Sündenfälle entfachen moralische Diskurse, angefeuert durch die Empörung des Publikums. Gegen den Verdacht der üblen Nachrede schützt sich der Promi-Klatsch durch Plausibilisierungen. Das können authentisch wirkende Details sein (Welchen Schlips trug Clinton bei den Lewinsky-Dates?) oder Zitate, die Wissen aus erster Hand suggerieren. Auch hier sind die Künste des Storytellings gefragt, die Lust am Fabulieren, juristisch entschärft durch die Zauberformeln der Unbestimmtheit, von »vermutlich« über »scheinbar« bis »womöglich«.

Eine weitere Parallele zum Privatklatsch besteht in der Typisierung. Das Verhalten des Helden wird als typisch für seine soziale Stellung dargestellt: Hollywoodstars sind maßlos, Popsängerinnen verwöhnt, Topmanager korrupt, Politiker verlogen. Erst diese Typisierung macht Prominente zu öffentlichen Platzhaltern. Wir klatschen über sie nicht als Individuen, sondern als Schablonen. Diese Klischees lassen dann auch die bizarrste Verdächtigung glaubwürdig erscheinen. Und sie können regelrechte Klatschlawinen lostreten, die eine Klatschstory zur Daily Soap ausweiten, mit immer neuen Vorfällen, die jeweils den unterstellten Charaktertypus belegen.

Anders als beim Privatklatsch aber, wo es meist um negative Projektionen eigener Schwächen geht, eignet sich Promi-Klatsch auch für Wunschprojektionen. Man identifiziert sich mit dem Helden, der reich und berühmt ist und sich als Individuum verwirklicht hat. Auch dies ist natürlich ein Klischee, das aufrechterhalten werden muss. Versagt die prominente Projektionsfigur, weil sie zum Beispiel an Attraktivität verliert, wird sie umso gnadenloser auf menschliches Normalmaß reduziert. Dann machen sich Erleichterung und Schadenfreude breit über den Sieg der Norm und der Zwänge, denen das Publikum selbst unterworfen ist.

Ein mindestens ebenso starker Klatschkatalysator wie die Bewunderung ist nämlich der Neid, in dem bereits Søren Kierkegaard das »negativ-einigende Prinzip« der Gesellschaft sah. Für Honoré de Balzac war sogar der gesamte Journalismus »eine ungeheure Schleudermaschine, die von kleinen Gehässigkeiten in Bewegung gesetzt wird.« So dient Promi-Klatsch immer auch dazu, die medialen Helden wohnzimmerkompatibel zu machen – ganz im Geiste

Kurt Tucholskys, der ins Bewusstsein rief, dass auch die schönste Frau mal aufs Klo muss.

Hier liegt auch ein Hauptmotiv für die Lust am Klatsch über Kaiser, Könige und Adelige. Nachdem Lady Diana in den 1980ern für ein großes Royal-Revival gesorgt hatte, garantieren die Königshäuser heute wieder Auflage. Das können Jubelgeschichten sein wie die Hochzeit des holländischen Thronfolgers Prinz Willem-Alexander mit seiner Máxima; in Deutschland strahlte das königliche Paar 2002 gleich von 13 identischen Klatschtiteln. Die Hochzeit des norwegischen Thronfolgers Haakon mit der bürgerlichen Mette-Marit, die einen unehelichen Sohn und eine unrühmliche Drogenvergangenheit mit in die Ehe brachte, wirkte gar wie eine Aschenputtel-Neuauflage. Aber es können eben auch Geschichten sein, die unadäquates Verhalten ahnden, seien es die Soaps im Fürstentum Monaco mit Prinzessin Stéphanies ausschweifendem Lebensstil oder die dürren Ärmchen von Spaniens Prinzessin Letizia.

Diese Klatsch-Observation der Staatsspitze durch das Volk hat Tradition. Vom französischen Sonnenkönig Louis XIV. ist überliefert, dass er jahrelang an einer Darmfistel litt, die durch ständiges Sichüberfressen entstanden war. Nach der erfolgreichen OP wurde die Hymne »Gott rette den König« kreiert, deren Text angeblich die Vorlage für die britische Nationalhymne lieferte. 1749/50 führte das Gerücht, König Louis XV. ließe Kinder entführen und töten, um in ihrem Blut zu baden und so seinen Aussatz zu heilen, zu Tumulten. Louis XVI. hingegen litt an einer Vorhautverengung und mied daher möglichst den qualvollen ehelichen Verkehr. Nicht bekannt ist, ob das ausgefallene Hobby seiner Gattin damit zusammenhing: Sie genoss es, ihren Freunden Milch zu servieren, die sie sich zuvor selbst abgemolken hatte – in rosafarbenen Porzellantassen, die ihrem eigenen Busen nachgebildet waren.

Besonders deutlich wird die Vorbildfunktion von Stars bei Skandalen. Skandale wirken wie abschreckende Mahnmale und können für die Betroffenen zu schweren Sanktionen führen, von politischer Diskreditierung bis zu sozialer Isolation. Da die Massenmedien skandalsüchtig sind, vergeht heute kaum ein Tag ohne neue Enthüllungen über empörendes Fehlverhalten in Politik, Wirtschaft, Sport oder Entertainment.

Für Prominente muss ein Skandal aber nicht unbedingt ein Super-GAU sein. Er bedeutet zugleich auch Top-Werte auf der Aufmerksamkeitsskala und kann ihnen damit sogar zugute kommen. Ein berühmtes Beispiel ist Paris Hilton. Die Hotelerbin war zwar schon früh ein Liebling der Paparazzi und berüchtigt für ihre Affären mit Stars wie Leonardo DiCaprio. Weltruhm erlangte sie jedoch erst durch ein privat gefilmtes Sexvideo, das ihr Ex-Freund Rick Salomon Ende 2003 im Internet veröffentlichte. Der Amateur-Streifen, den Salomon mit Hilton in einem Hotelzimmer in Las Vegas aufgenommen hatte, bescherte Hiltons bevorstehender Reality-Show »The Simple Life« Top-Quoten und wurde so beliebt, dass Salomon ihn 2004 unter dem Titel »1 Night in Paris« auf DVD publizierte.

Bei den AVN (»Adult Video News«) Awards 2005, den Oscars der Porno-Branche, erhielt der Film die Auszeichnungen »Best Selling Title of the Year«, »Best Renting Title of the Year« und, last not least, »Best Overall Marketing Campaign«. Angeblich verdiente Salomon über 20 Millionen Dollar mit dem Film. Noch lukrativer war die Publikation aber für die Hauptdarstellerin, die auf einmal zum Superstar und allroundkompatiblen Marketingprodukt avancierte. Heute gibt es kaum etwas, was nicht das Label »Paris Hilton« trägt, von CDs, Büchern und Parfums über eine Nachtclub-Kette bis zur Uhrenkollektion – dem Skandal sei Dank.

Eine andere beliebte Skandalvariante ist der Drogenskandal, und auch hieraus können Stars gestärkt hervorgehen. Eindrucksvoll bewies das Topmodel Kate Moss, nachdem der englische »Daily Mirror« im Jahr 2005 Bilder veröffentlicht hatte, die sie beim Kokskonsum zeigten. Nach dem Skandal ging die Karriere von Kate Moss steil nach oben, eine Weile pflegte sie sogar ein schillerndes Junkie-Image an der Seite von Drogenrocker Pete Doherty.

Skandale können Karrieren ruinieren, aber ebenso starten und beflügeln. Der Effekt hängt davon ab, ob der Skandal in die jeweilige Typisierung passt, in das Bild, das der Star von sich verkaufen will. Im Fall von Paris Hilton förderte der Sexskandal ihr Image als sexy, provokativ – und oberflächlich: In einer Szene verlässt sie während des Aktes das Bett, um an ihr klingelndes Handy zu gehen.

Presse und Promis: Eine Symbiose

Promi-Klatsch ist ein Geschäft, das auf Gegenseitigkeit beruht und nach dem Prinzip des Gebens und Nehmens funktioniert. Die Medien bekommen Auflage und Quote, die Stars bekommen öffentliche Resonanz, die sich in Form von Aufträgen, Werbeverträgen, Buchhonoraren oder VIP-Einladungen auszahlt. »Star und Journalist gehören zusammen wie Hefe und Malz: Nur durch den Mix beider entsteht ein berauschender Cocktail«, meint »Bunte«-Chefredakteurin Patricia Riekel. Naturgemäß pflegen »People-Journalisten« daher gute Kontakte zu ihrer Klatsch-Klientel. Riekel etwa war 2008 nicht nur Gast bei der Hochzeitsfeier ihrer Freundin Sabine Christiansen, sondern auch Trauzeugin bei Promi-Friseur Udo Walz. Und sie gesteht: »Wenn es um meine berühmten Freundinnen geht, gibt es eine beschützende Seite an mir.«

Die Beziehung von Star und Presse hat also durchaus Züge einer romantischen Beziehung. Es gibt sogar »Prominente, die bei einer Berichterstattung, die ihnen nicht gefällt, mit Liebesentzug drohen«, sagt Riekel. Solange gut berichtet wird, sind alle glücklich – gelangen aber weniger angenehme Themen ans Licht der Öffentlichkeit, etwa die Haarfarbe Gerhard Schröders oder die Lippen von Sabine Christiansen, ist schnell Schluss mit lustig. »Unappetitlich« findet es »Bild«-Chefredakteur Kai Diekmann, »dass viele Promis nicht erinnern wollen, was sie aus Eitelkeit und Karrierestreben getan haben, um sich in ›Bild‹ zu sehen«.

In Deutschland brauchen Stars allerdings keine allzu große Angst vor der Klatschpresse zu haben, denn hierzulande herrscht schon seit langem die Ära des Soft-Klatsches. Angeführt von den Flaggschiffen »Bunte« und »Gala«, wird prinzipiell promifreundlich Bericht erstattet, denn Wohlverhalten macht sich bezahlt. »Bunte«-Chefin Riekel sagt deshalb, ihr Magazin wolle die Menschen »gut behandeln«, »nicht verraten« und »ihnen auch mal einen Gefallen tun«. Diese rosarote Klatschbrille zeigt, dass auch im People-Journalismus das Klatschparadox der diskreten Indiskretion gilt. Ein guter Klatschreporter muss schweigen können. »Wir würden nie jemanden gegen seinen Willen outen«, sagt »Bunte«-Reporter Paul Sahner. Ins Blatt komme nur, wer selbst daran interessiert ist. Und da scheint kein Mangel an Bewerbern zu herrschen: »Die rennen einem die Türen ein, um ihre Geschichten loszuwerden.«

Dass Klatsch für die Medien bares Geld bedeutet, zeigt sich schon daran, dass Klatschtitel von medialen Rezessionserscheinungen meist verschont bleiben. Promi-Tratsch ist eine Garantie auf zielgruppenübergreifende Aufmerksamkeit, auch in schweren Zeiten. Daher ist der Boulevard längst salonfähig geworden. »Bunte« und »Gala« sind auf Businessclass-Flügen als Erstes vergriffen, und auch im öffentlich-rechtlichen Fernsehen oder »seriösen« Zeitungen und Magazinen blüht das Promi-Geschwätz. Der »Spiegel« machte Auflage mit Titelgeschichten über Boris Beckers Geständnisse oder die Lovestory von Nicolas Sarkozy und Carla Bruni. Kein Wunder, dass »Bild«-Chef Diekmann fürchtet, »dass uns Zeitungen wie die FAZ oder SZ unseren Daniel Küblböck, unseren Dieter Bohlen oder unsere Uschi Glas wegnehmen«.

So ist ein regelrechter Klatschkapitalismus entstanden, der Klatsch in Serie produziert. »Ebenso wie der Produzent Bedürfnisse weckt, um sie decken zu können, weckt der Klatschkolumnist Neugierde, die er dann befriedigt«, erkannte schon Arthur Miller. Besonders ertragreich sind dabei Angebote mit hohem Suchtfaktor, die sich als Daily Soaps Tag für Tag weiterdrehen lassen, etwa die Rosenkriege in den Häusern Bohlen, Glas und Wussow.

Von Paparazzi und Handyreportern

Die Berichterstattung über die Reichen und Schönen wäre nichts ohne die Bilder der Beklatschten. Auch hier arbeiten Stars und Medien Hand in Hand: Exklusive Fotogeschichten sind in der Regel abgesprochen, und manche Promis beherrschen auch die Kunst der Mehrfachverwertung. Immer wichtiger werden aber jene Fotos, die nicht inszeniert und auf Hochglanz poliert sind, sondern im Gegenteil durch die Authentizität des spontanen, grobkörnigen »Abschusses« bestechen: Paparazzi-Bilder. Der Name Paparazzo stammt aus dem Fellini-Film »La Dolce Vita« (1960). Als Vorbild für den Film-Paparazzo diente der italienische Fotograf Tazio Secchiaroli, der als einer der ersten mit der Kamera auf Promi-Jagd ging. Rom war also nicht nur zu Neros Zeiten ein Epizentrum des Klatsches, hier wurde auch das Paparazzitum erfunden.

Heute sind die Hollywood-Paparazzi ein mächtiger Faktor der amerikanischen Medienindustrie. Der Urknall dieser industriellen Paparazzi-Phase liegt noch gar nicht lange zurück: Im März 2002 trat Bonnie Fuller ihr neues Amt als Chefredakteurin des US-Klatschblattes »Us Weekly« an, das seit 1977 im Schatten der erfolgreichen »People« gestanden hatte. Unter dem Claim »Stars – They're Just Like Us« zeigte Fuller Prominente bei alltäglichen Tätigkeiten, beim Einkaufen, Babyfüttern oder Gähnen. »Ich liebe es, Berühmtheiten zu sehen, wenn sie sich genau wie wir verhalten«, schwärmte die Chefredakteurin. Und ihre Leser liebten es auch. Seitdem gilt jedes Bild, auf dem ein Promi zu sehen ist, als potenziell publizierbar.

Am Beispiel der Paparazzi lässt sich die Symbiose zwischen Promis und Presse besonders gut beobachten. »Manche Paparazzi begrüßen den Star morgens per Handschlag und begleiten ihn dann den ganzen Tag«, weiß »Gala«-Chefredakteur Peter Lewandowski. Oft ist daher auch die vermeintliche Authentizität inszeniert. Einige Agenturen haben sich eigens spezialisiert auf inszenierte Promi-Bilder, die wie verwackelte Paparazzi-Aufnahmen aussehen. Das Honorar wird brüderlich aufgeteilt zwischen Star, Fotograf und Agentur.

Umso mehr konzentrieren sich die »echten« Paparazzi auf Motive, von denen das Publikum nie genug bekommen kann. Das sind vor allem die ungeschminkten Körper der Stars. Von Michael Jacksons Bröckel-Nase über Bad Hair Days bis zu faszinierenden Faltenwürfen werden die nackten Wahrheiten offenbart, die Stars gern verbergen würden. Damit wird zugleich die große Klatschquelle der Spekulationen angezapft, denn anhand der Körperbilder kann hemmungslos über vermeintliche Symptome gerätselt werden, über Anzeichen von Schwangerschaften, Schönheits-OPs oder Drogenkonsum. Hier verbreitet Klatsch die Botschaft »Stars sind auch nur Menschen« – und erweist sich als soziales Beruhigungsmittel.

Doch die Zunft der Paparazzi hat ein Problem: die massenhafte Konkurrenz aus dem Heer der Laien. Seit jeder Handybesitzer ein potenzieller Paparazzo ist, kriselt die Branche. Die »Citizen Paparazzi« ruinieren die Preise und machen die Stars noch gereizter. Auf Internetseiten können die Hobby-Paparazzi ihre Bilder mit Kommentaren, Ort, Datum und Uhrzeit versehen. Bei »Mr. Paparazzi« gibt es auch gleich noch eine Einführung in die Marktlage: »Wenn Du David Beckham in der Unterhose siehst, schick uns das Bild sofort rüber und mach echte Kohle.«

Auch im Bewegtbildformat können Promisichtungen hochgeladen werden, zum Unmut der Stars, die hier nur selten die Hauptrolle spielen wollen. »Seit es YouTube gibt, stehe ich jeden Tag in Unterhosen vor der Weltöffentlichkeit«, klagt Bruce Willis, der im Internet »einen Ort der Jagd, der Ablichtung, der Durchleuchtung« sieht: »Sobald ich auf die Straße gehe, im Meer bade, einkaufen gehe, einen Burger esse oder mit dem Fahrrad durch die Wüste fahre: Es wird im Internet zu sehen sein, weil es irgendwer mit einem fuckin' mobile phone filmt. Eines Tages wird man Wege finden, mich zu filmen, während ich selbstvergessen auf dem Klo hocke. Ja, ein Mobiltelefon wird sich auf den Weg machen und von unten meine Eier filmen.«

Die schwindende Macht der Profi-Klatscher

Die Nähe zu den Stars lässt Klatschjournalisten selbst zu Promis werden. Eindrucksvoll belegt das bereits die Biografie von Pietro Aretino (1492-1556), dem Vater aller Klatschjournalisten. Mit Hilfe der frisch erfundenen Druckerkunst wurde Aretino in ganz Europa berühmt. Er prangerte Heuchelei, Bestechung und Vetternwirtschaft in der Kirche und an Fürstenhöfen an, schrieb Satiren und Sonette über das Privatleben von Kardinälen und Adeligen, ließ seine Enthüllungen gedruckt kursieren und kassierte Geld und Geschenke für sein Schweigen. So wurde er auch selbst zum Klatschthema, denn er taugte nicht unbedingt als moralisches Vorbild. Unter anderem wurde ihm nachgesagt, er treibe es nicht nur mit zahllosen Frauen, sondern habe auch eine Schwäche für junge Männer.

Aretinos Hauptwaffe war seine offene Sprache. Er benutzte nicht das Latein der Gebildeten, sondern ein deftiges Toskanisch, das allgemein verstanden wurde. So konnte jeder in seinen enthüllenden Pamphleten, Spottgedichten und Komödien lesen, welcher Kardinal in den Bordellen von Rom oder Florenz Stammgast war, welcher Bischof betrügerische Geldgeschäfte betrieb oder welcher Herzog seine Frau mit einem attraktiven Jüngling betrog. In einem Brief an einen Freund schrieb Aretino: »Ich komme mir vor wie das Orakel der Menschheit, denn jeder erzählt mir das ihm von dem und dem Fürsten, von dem und dem Prälaten widerfahrene Unrecht. Ich bin der Sekretär der ganzen Welt.«

So avancierte Aretino zur meistumworbenen Person der italienischen Renaissance. Zu seinen Sponsoren zählten Kaiser Karl V. oder Franz I. von Frankreich, der ihm eine schwere Halskette aus goldenen Zungen übersandte. Man nannte ihn den »göttlichen Pietro« und »Die Geißel der Fürsten« – aber auch »Hurensohn«, »Ketzer«, »Lüstling« und »Antichrist«. Und nur knapp entkam er dem Mordanschlag eines von ihm bloßgestellten Bischofs.

Die modernen Erben Aretinos sind zwar nicht mehr

ganz so einflussreich, verfügen aber immer noch über eine schillernde Aura. »Bunte«-Urgestein Paul Sahner wurde schon verklärt als »König des Klatsches«, »Zeremonienmeister des Politainments«, »Zungenlöser« oder »King of Diktiergerät«. Was das Handwerkszeug betrifft, operiert Sahner heute mit den gleichen Mitteln wie einst Aretino: Man brauche ein »hervorragendes Informantennetz«, müsse »überall ein offenes Ohr« haben – und ein Telefonbuch mit VIP-Geheimnummern. Ex-»Bild«-Klatschfee Katja Kessler wurde sogar selbst zum Medienliebling. Der NDR widmete ihr die Reportage »Die Klatschreporterin«, und ihre Ehe mit »Bild«-Chef Diekmann brachte sie selbst in die Klatschspalten.

In den Siebzigern hieß der unangefochtene König der Klatschpresse Michael Graeter. Wegen seiner Wer-trieb-es-mit-wem-Klatschkolumne in der Münchner »Abendzeitung« kürte ihn das Magazin »Penthouse« zum »Mann mit der heißesten Spalte«, und er lieferte 1986 das Vorbild für die Figur des »Baby Schimmerlos« in der TV-Kultserie »Kir Royal«. Graeter selbst rühmte sich seiner Verschwiegenheit, etwa weil er Gunter Sachs' Affäre mit Brigitte Bardot nicht umgehend ausplauderte: »Die Steigerung von Graeter ist diskreter.«

Das alles war möglich zu Zeiten, als es noch echtes Klatsch-Herrschaftswissen gab – und noch kein Internet und Scharen von Leserreportern mit Foto-Handys, die jede VIP-Sichtung prompt publik machen. In der Ära des Online-Klatsches wirkt eine Klatschreporter-Figur der alten Schule wie Graeter geradezu antiquarisch. Der Klatsch des 21. Jahrhunderts operiert mit den Waffen einer neuen publizistischen Gegenkultur. Er ist schnell, frech und exzentrisch, oft auch schlampig, aber stets auf maximale Entertainment-Effekte bedacht. Und er hat nicht zuletzt auch deshalb Erfolg, weil er aufgrund der globalen Vernetzung auf eine nie zuvor dagewesene Vielzahl an Klatschquellen zurückgreifen kann.

An vorderster Front steht dabei Perez Hilton, Hollywoods derzeit meistgefürchteter und meistgefeierter Profi-Klatscher. Mit seinem Weblog perezhilton.com hat die selbsternannte »Queen of all Media« die Gossipkultur revolutioniert. Respektlos kommentiert Hilton die Fehltritte der Stars, kritzelt auf Fotos Kate Moss Kokainstäubchen an die Nase oder Britney Spears »Loser« auf die Stirn, erfreut seine Fans mit Bildunterschriften wie »Wrack«, »Schlampe« oder »not hot« – und vermeldet viele News zuerst. Das »Forbes«-Magazin wählte ihn auf Platz 2 der wichtigsten Internetpersönlichkeiten. Logisch, dass auch Perez Hilton längst selbst zur Celebrity geworden ist. Er feiert mit Tori Spelling am Strand von Malibu oder posiert auf Charityveranstaltungen mit seiner Namensvetterin Paris Hilton. Seine Merchandising-Produkte, von Buch bis Modelinie, finden reißenden Absatz, und eigene TV- und Radioformate sorgen für ungebremste Aufmerksamkeit. In einem Business, in dem die meisten nur gefallen wollen, bildet Hilton eine Ausnahme: »Ich bin wie Madonna, ich habe keine Angst anzuecken.«

Wie mächtig Klatsch gerade in den USA machen kann, zeigt ein Vorfall, mit dem Jared Paul Stern, Reporter der berüchtigten »Page Six«-Klatschseiten in der »New York Post«, zweifelhaften Ruhm erlangte. 2006 erpresste Stern den Supermarkt-Milliardär Ronald W. Burkle. Er verlangte Schutzgeld für eine Verschonung mit schlechten Schlagzeilen. »Page Six« hatte zuvor bereits Dutzende unwahrer Geschichten über Burkle publiziert und ihm unter anderem zwei angebliche Affären anhängt. »Es ist ein bisschen wie bei der Mafia«, erklärte Stern nun seinem Opfer: »Ein Freund von mir ist auch ein Freund von dir.« Das Angebot lautete: »Zuerst 100000 Dollar, dann könnten wir uns auf eine monatliche Zahlung von, sagen wir, 10000 Dollar einigen.« Die Zitate sind überliefert, weil Burkle die Verhandlungen heimlich filmen ließ und dem FBI übergab. Im Zusammenhang mit der Affäre berichteten Ex-Mitarbeiter von »Page Six«, dass Promis, die freiwillig kooperieren, intern »Freunde der Seite« genannt werden. Wer sich weigere, werde bestraft.

Anders als in Deutschland, wo gesittet geklatscht wird, ist in den USA und England auch der sogenannte »Scheckbuchjournalismus« gang und gäbe: Um die brisanteste Story zu ergattern, zahlen Klatschblätter Informanten bis zu sechsstellige Summen. Die »Sun« bot Dianas Butler Paul Burrell für sein Tagebuch mit intimen Details eine Million Pfund, die Konkurrenz von »News of the World« sogar das Doppelte. Oder es wird in Naturalien gezahlt: Nachdem Hugh Grant 1995 mit der Prostituierten Divine Brown erwischt worden war, kutschierten Reporter die Dame mit einer weißen Stretchlimo von ihrem armseligem Haus in den Ghettos von L.A. in eines der nobelsten US-Ferienresorts, um sie bei fließendem Champagner auszufragen.

Klatschkulturen

Während angloamerikanische, französische oder italienische Klatschjournalisten durchaus aggressiv und indiskret agieren, werden private Promi-Infos hierzulande harmlosgefällig weitergegeben. Daher wird die Vokabel »Klatsch« in Deutschland auch gern und fantasievoll zu umgehen versucht. Bevor sich die euphemistische Bezeichnung »People-Journalismus« etablierte, hatte Michael Graeter seine Klatschstorys »gesellschaftliche Streiflichter« getauft. Deutscher Promi-Klatsch ist eine eigenartige Mixtur aus niederen Instinkten und höherer Moral, er feiert Ehe, Liebe,

Glück und Familie und kultiviert eine pflegeleichte Nähe zu den Stars. Woher kommt diese Klatschharmlosigkeit?

Das deutsche Presserecht entstand erst nach dem Zweiten Weltkrieg, die Pressefreiheit wurde uns wohlfahrtsstaatlich von den Alliierten verliehen. So entwickelte sich ein Selbstverständnis deutscher Journalisten als Mitgestalter des Wiederaufbaus, begleitet von einem scharfen Presserecht. Noch immer ist in Deutschland die Intim- und Persönlichkeitssphäre aller Personen geschützt, auch die von »Personen der Zeitgeschichte«. Selbst der Papst oder Boris Becker dürfen also nicht in jeder Situation fotografiert werden. Das »Caroline-Urteil« des Europäischen Gerichtshofs bekräftigte 2004 diese Schutzwürdigkeit der Privatsphäre.

In Großbritannien ist dagegen nur die persönliche Ehre geschützt, und in den USA muss sogar der Präsident seine Krankenakte offenlegen, wenn er sich nur an einer Brezel verschluckt. Der amerikanische Präsident Thomas Jefferson stellte bereits 1807 klar: Wenn jemand einen öffentlichen Vertrauensposten annimmt, muss er sich als Eigentum der Öffentlichkeit betrachten. Weil die Pressefreiheit »von unten« erkämpft wurde, auch durch gezielte Klatsch-Boshaftigkeiten, hat die US-Presse also nicht das Gefühl, dem Staat etwas zu schulden. Journalisten in Großbritannien und den USA pflegen daher das Ethos der »Watchdogs« und Repräsentanten der vierten Macht im Staate.

Aus der Anfangsphase des amerikanischen Klatschjournalismus stammt auch die Bezeichnung »Yellow Press«. Ursprünglich wurde damit ein Erfolgsgemisch aus Comics und Sensationsberichten bezeichnet, abgeleitet von der Comicfigur »The Yellow Kid«, die New Yorker Zeitungsleser ab 1895 mit respektlosen Sprüchen begeisterte. Einen echten Klatsch-Boom lösten dann berühmte Klatschkolumnistinnen wie Louella Parsons aus, die von der »International Herald Tribune« nach ihrem Tod 1972 als »erste

Klatschkönigin von Hollywood« in den Himmel gehoben wurde. Ihre Klatschkolumne erschien in fast 900 Zeitungen weltweit und erreichte rund 90 Millionen Leser.

Parsons' Kollegin Hedda Hopper sorgte 1925 mit ihrem Buch »Hollywood ungeschminkt« für Furore. »Schweigen ist der härteste Schlag, den man in Hollywood einem Selbstbewusstsein versetzen kann«, schrieb sie über die Aufmerksamkeitssucht der Prominenten. »Wird ein Star nicht erwähnt, dann verliert er fast den Verstand. Stars leben und sterben nun einmal durch Reklame. Sogar Produzenten sind dagegen nicht immun. Sam Goldwyn telegrafierte mir einmal von Hawaii aus: ›NAME SEIT EINER WOCHE NICHT GENANNT STOP SIE GLAUBEN HIER NICHT DASS ICH WICHTIG BIN STOP BITTE TU ETWAS!‹«

In Großbritannien feierte der Promi-Klatsch seine größten Erfolge in den 80ern und 90ern mit Geschichten über das englische Königshaus. Die Beziehungen von Prinz Charles und Lady Diana oder Prinz Andrew und Sarah Ferguson wurden bis in intimste Details öffentlich behandelt, eine unendliche Klatschgeschichte aus abgehörten Telefongesprächen, gestohlenen Fotos und Royal-Privatbriefen. Neben den Enthüllungen von Klatschbutler Paul Burrell verriet Kammerdiener Ken Stronach etwa, er habe öfters Grasflecken vom Pyjama des Prinzen entfernen müssen, weil Charles seine Ehefrau im Garten der ländlichen Residenz Highgrove mit Camilla Parker-Bowles betrog, während Diana nichtsahnend im Schloss ihren Mittagsschlaf hielt. Eine spezielle Fotografenmeute liefert sogar ausschließlich Geschichten aus dem englischen Königshaus: das »Royal Ratpack«.

Die Respektlosigkeit der britischen Presse gegenüber der Königsfamilie illustriert auch ein Artikel aus dem »Independent«. Die Zeitung spekulierte, welche Berufe die Königsverwandten, die »königlichen Schmarotzer«, wohl ergriffen hätten, wenn sie in einer »normalen« Familie aufgewachsen wären. Prinz Edward wäre demnach Platzanweiser im Theater oder Motorradkurier für Bühnenmanuskripte geworden, Prinzessin Margaret »mit ihrer Schwäche für Gin und Zigaretten« eine arbeitslose Kneipenschwalbe. Und über die Verlobung von Charles und Camilla titelte der »Daily Star« schlicht und ergreifend: »Zwei langweilige Idioten heiraten.«

Starkult(ur): Promis und Projektionen

Der Diana-Faktor: Der Stoff, aus dem Star-Götter gemacht sind

Das Leben ist kälter geworden«, klagte die Presse 1997 nach dem Tod von Prinzessin Diana. Im Gegenteil: Nie zuvor war der gesamte Globus einem solchen Gefühlstaumel verfallen. 2,5 Milliarden Menschen verfolgten die Trauerkundgebung für die »Königin der Herzen« im Fernsehen, allein in Deutschland übertrugen neun Sender simultan. Auch die »seriöse« Presse beteiligte sich an der Ikonisierung Dianas als »Göttin« (SZ), »beinahe gekrönter Schwan« und »Heilige« (Zeit), »Madonna« (Spiegel), »wahre Königin« und »Leitfigur« (FAZ). Wie aber konnte eine »gruselig frisierte Bohnenstange mit devotem Dackelblick« (Gerhard Henschel) eine solche Weltaufmerksamkeit erlangen?

Das Phänomen Diana zeigt beispielhaft, dass und wie Prominente als Platzhalter und Projektionsfiguren fungieren. Die Massen trauerten um den Tod der Prinzessin, nicht um den Tod der Person Diana. Der kollektive Phantomschmerz beruhte auf einer plötzlichen Entzugserscheinung: Eine zuvor omnipräsente Medienfigur war endgültig verloren. Das war umso schmerzlicher, als Diana schon vor ihrem Tod zu einer Art Heiligen avanciert war, zu einer Mutter Maria der Landminenopfer, Aids- und Leprakranken, aber auch der Versace- und Vuitton-Kunden, der Bulimikerinnen sowie aller Frauen, die wie sie verzweifelt versucht hatten, Liebe und Familie mit Beruf, Anerkennung und Selbstverwirklichung zu vereinen. Alle, die am Tod der traurigen Prinzessin sichtbar teilnahmen, konnten nun Teil des Dramas und damit selbst zum Opfer werden.

Promi-Klatsch wirkt als sozialer Klebstoff: Stars sind Stellvertreterfiguren, die wir anhimmeln oder verachten können, mit denen wir uns vergleichen können, in allen denkbaren Bereichen, von Alkoholismus bis Zellulitis. Sie helfen uns, unsere Gesellschaft zusammenzuhalten und Ordnung in die Welt zu bringen. Wie einst die erzählten Mythen sprechen Promi-Klatschgeschichten unsere eigenen Erlebnisse, Hoffnungen, Ängste oder Erinnerungen an, bieten Verhaltensweisen und Geschmacksstandards, um unsere eigene Geschichte und Identität zu konstruieren – und das Leben ein bisschen leichter zu machen.

Dianas Tod zeigt, wie schwer es fällt, von einem dermaßen überhöhten Star Abschied zu nehmen – so schwer, dass an einen »natürlichen« Tod nicht geglaubt werden kann. Die Medien tragen ihren Teil dazu bei, indem sie verstorbene Stars zu mythischen Figuren deklarieren, deren Biografie eine tragische Heldensaga bildet, und über deren Leben und Tod man unendlich weiterklatschen kann. So wie die Diana-Gläubigen hinter ihrem Tod eine Verschwörung der Royals witterten, glaubten auch die Fans von Marilyn Monroe nicht an einen Selbstmord. Sie stellten sich lieber vor, die Schauspielerin sei ermordet worden, um einen von der Mafia geplanten Sex-Skandal zu vertuschen, in den wahlweise Robert oder/und John F. Kennedy verstrickt gewesen seien.

Mitglied dieses mythischen Zirkels prominenter Untoter ist auch James Dean. Als er 1955 am Steuer seines Porsche Spyder starb, gab es Gerüchte um seinen Tod, die den Heldenstatus des wilden jungen Mannes, den eine rasende Lebensgier trieb und der ständig mit dem Tod flirtete, bestätigten: ein Übermensch, der nicht einfach stirbt, sondern angeblich von dem Unfall nur verunstaltet wurde und heute auf einer Farm in der Nähe von Los Angeles lebe. Ähnliche Legenden umranken den Tod von Elvis Presley, der einer populären Erklärung zufolge Geld und Ruhm einfach satt hatte und nun irgendwo im Mittleren Westen wohnt, wo er unerkannt an Elvis-Imitations-Wettbewerben teilnimmt und sich über einen dritten Platz freut.

Superstars wie Elvis oder Diana verdeutlichen auch, dass beruflicher Erfolg nicht ausreicht, um ein wirklich großer Star zu sein. Was vor allem zählt, sind biografische Brüche, Lebenserfahrungen, die einen auch mal aus der Spur tragen und für stetig nachwachsenden Gesprächsstoff sorgen. Paradoxerweise eignen sich Stars also gerade durch ihre Fehlbarkeiten und Schwächen als Projektionsflächen. Ein Beispiel dafür ist Romy Schneider, die den Prototyp der Geheimnisvollen verkörpert: süchtig nach Applaus, aber im tiefsten Grunde einsam – die ideale Identifikationsfigur.

Der Psychologe Borwin Bandelow geht noch einen Schritt weiter und behauptet, Stars seien grundsätzlich Borderline-Persönlichkeiten. Bandelow fand heraus, dass berühmte Künstler oft narzisstische, histrionische und antisoziale Störungen aufweisen. Vielleicht ist es tatsächlich kein Zufall, dass die Lebensläufe von so unterschiedlichen Superstars wie Diana, Kurt Cobain, Sid Vicious, Whitney Houston, Marilyn Monroe, Klaus Kinski, Jimi Hendrix, Janis Joplin, Billie Holiday, Michael Jackson oder König Ludwig II. von Sexskandalen, Drogenexzessen, Verschwendungssucht, Gewalt und Depressionen nur so wimmeln.

Klatsch als Psychohilfe – und Psychoterror

Um zu verstehen, warum wir überhaupt prominente Vorbilder brauchen, über die wir klatschen können, müssen wir einen Blick auf die Geschichte unserer Gesellschaft werfen. In früheren, traditionellen Gesellschaften bildete die Gemeinschaft eine dicht vernetzte Einheit, wie wir sie heute nur noch im dörflichen Umfeld finden: Alle haben den fast gleichen Kreis von Freunden, Verwandten und Bekannten. In der heutigen modernen Gesellschaft überschneiden sich die Gruppen dagegen nur noch teilweise. Zwar umfasst das Sozialgeflecht eines jeden Einzelnen immer noch rund 150 Personen, doch davon haben wir durchschnittlich nur 15 bis 20 mit anderen gemeinsam. Die Verbindungen, etwa über gemeinsame Interessen, sind also schwächer geworden.

Hier kommt das Bindungsmittel Promi-Klatsch zum Zuge. Liegt nämlich der Umfang des eigenen Beziehungsgeflechts deutlich unter der natürlichen Grenze von 150 Personen, übernehmen Stars und Prominente gewissermaßen die Funktion echter Personen. Sie bilden eine Art Familienersatz, eine mediale Patchworkfamilie. Das erkennt man zum Beispiel daran, dass uns Nachrichtensprecher oder Schauspieler bekannt vorkommen. Sie sind halbwirkliche Freunde, die einen Teil unseres Sozialgeflechts ausmachen. Auch »Bunte«-Chefin Riekel bekundet: »Unsere Leser interessieren sich für einen bestimmten Personenkreis, das sind fast Verwandte für sie oder ein erweiterter Freundeskreis.«

Soziologen nennen dieses Phänomen »parasoziale Interaktion«. Dahinter steht die Erkenntnis, dass wir zu Medienpersönlichkeiten emotionale Bindungen aufbauen, die Identifikation, erotischen Ansinnen oder freundschaftlichen Beziehungen entsprechen. Diese Gefühle durchleben wir dann fast so intensiv wie bei Menschen, die wir persönlich kennen. So können wir über die prominenten Stellvertreter voyeuristische Angstlust empfinden oder auch sadistische Bedürfnisse ausleben, die uns von unserer eigenen Situation ablenken. Sozialpessimistisch könnte man sagen: Wir greifen auf die vorgefertigten Fantasiefamilien der Medienwelt zurück, um innerhalb unseres defizitären Soziallebens doch noch so etwas wie ein Gemeinschaftsgefühl zu erfahren.

Hier zeigt sich erneut die Parallele zum privaten Klatsch, der ebenfalls eigene Mängel, Schwächen, Ängste und Wünsche auf andere projiziert. Von den Spiegelneuronen wissen wir bereits: Jeder Mensch spiegelt sich in anderen. Aber das ist nicht alles, denn jeder sieht auch manches in andere hinein und kann sich, wenn er will und genau hinsieht, über diese Projektionen selbst erkennen. Die Analytische Psychologie von C.G. Jung bezeichnet die negativen Eigenschaften, die man bei sich selbst nicht wahrhaben möchte, aber in anderen zu sehen vermeint, als »Schatten«. Wer seinen eigenen »Schatten« wahrnehmen will, muss also herausfinden, welche Impulse er bei sich selbst ablehnt und in andere hineinprojiziert. Auch hierbei können Promi-Präferenzen hilfreich sein.

Warum wir so gern über Promis klatschen, lässt sich aber auch evolutionspsychologisch erklären. Wir wollen sozial dominante Menschen beobachten und ihr Verhalten, ihre Artikulation, Mimik und Gestik ergründen, um uns ihnen anzugleichen. Das zumindest legen Versuche mit unseren tierischen Vorfahren nahe. Schon Affen zollen sozial höhergestellten oder sexuell interessanten Artgenossen erhöhte Aufmerksamkeit und sind sogar bereit, dafür zu zahlen, so wie Menschen Konzerttickets oder Klatschmagazine kaufen. Männliche Affen verzichten für den Anblick eines Gruppenchefs oder eines reizvollen weiblichen Hinterteils zum Beispiel auf eine große Menge leckeren Fruchtsafts, während sie für die Unannehmlichkeit, sich mit dem Gesicht eines Gleichrangigen zu beschäftigen, ein paar Schlucke zusätzlich verlangen.

Um zu werden wie diejenigen, die von anderen Fruchtsaft verlangen können, hilft uns also das Bescheidwissen über die modernen Häuptlinge, die Stars, Politiker und Wirtschaftsbosse. Im Grunde handelt es sich um eine Klatschvariante dessen, was Pierre Bourdieu »kulturelles Kapital« genannt hat. Dieses Kapital können wir dann bei Gelegenheit investieren, um die menschlichen Alphatiere nachzuahmen und selbst sozial aufzusteigen.

In direktem Zusammenhang damit steht auch der anhaltende Boom von Biografien und Autobiografien. Wir suchen Orientierung an Lebensläufen, die geglückter oder aufregender scheinen als unsere eigenen, und sind brennend interessiert am Privatleben der Helden, die uns so vertraut geworden sind wie unsere eigene Familie.

Eine Kehrseite des medialen Promi-Klatsches ist die Tatsache, dass die Protagonisten auch leicht zu Medienopfern mutieren können, sei es durch unerwünschte Paparazzi-Bilder, gezielte Lügen- und Falschdarstellungen oder öffentliche Tribunalisierungen. Besonders gefährlich ist dabei das Internet, wo jeder User mit wenigen Klicks zum vielbeachteten Klatschproduzenten werden kann. Das kann vor allem jene treffen, die noch nicht im Reich der VIPs etabliert sind, sondern verzweifelt Einlass begehren. Oder jene, die ungefragt für ein mediales Konzept instrumentalisiert und anschließend entsorgt werden, etwa die unfreiwilligen Protagonisten in Stefan Raabs »TV Total«-Shows, von der »Maschendrahtzaun«-Frau bis zu Lisa Loch, der ihr Name zum Verhängnis wurde. Wie in der Antike sucht auch die moderne Mediengesellschaft nach Opfern, auf die die kollektiven Ängste und Aggressionen abgeladen werden können: Die Lächerlichmachung am medialen Pranger stiftet ein Gemeinschaftsgefühl unter der lachenden Zuschauerschaft.

Hier liegt ein Hauptunterschied zwischen medialem und privatem Klatsch: Die Medien enthüllen Intimitäten nicht unter dem Siegel der Verschwiegenheit. Und sie tun es in Schrift und Bild, was den Klatsch schnell reproduzierbar und schwer widerrufbar und anzweifelbar macht. Das Klatsch-Opfer kann sich nicht vor Enthüllungen schützen, und die Klatsch-Konsumenten machen sich nicht selbst die Zungen und Ohren schmutzig, weil sie quasi stellvertretend klatschen lassen. Das ist das wohlige Kraulen, das wir beim Durchblättern der »Gala«, beim Ansehen einer Talkshow oder beim Durchklicken einer Fotoshow mit »Zellulite-Promis« genießen.

Star-Marketing: Wie Stars Klatsch inszenieren

Ohne meine Fans wäre ich nichts.« Dieser Standardspruch aus dem Star-Register ist so banal wie wahr. Wie die Medien kämpfen auch Prominente um die stets knappe Ressource Aufmerksamkeit, und der größte Feind des Promis ist das Vergessenwerden. Um diesen Gegner zu besiegen, verbünden Stars sich mitunter auch gern mit dem Skandal. Denn wer ein Star bleiben will, muss im Gespräch bleiben. Er muss Indiskretionen geschickt organisieren und Gerüchte gezielt streuen und kontrollieren.

Als perfekter PR-Profi erwies sich hier Prinzessin Diana, die ihre eigene Inszenierung aktiv und hochprofessionell selbst unterstützte. Schon als Teenager hatte sie die Geschichten der Boulevardblätter verschlungen und so ein intuitives Verständnis für Glamour und Drama erworben. Ständig ließ sie ihre Lakaien Kontakt zu Fotografen und Chefredakteuren halten und plante 90 Prozent der Titelseiten, auf denen sie angeblich von Paparazzi überrascht wurde, selbst. Die Prinzessin strickte erfolgreich am eigenen Mythos, umgarnte die Yellow Press, plauderte Interna aus und bekämpfte ihren Ex-Gatten Charles und die unselige Camilla.

Mit ihren Inszenierungen öffnete Diana die gesamte

Royal-Sippe für die Klatschpresse. Die Windsors mussten nach ihrem Tod begreifen, dass der Adel königlicher Zugehörigkeit weniger zählt als der Adel der Medientauglichkeit und Volksnähe. Die Fähigkeit, in jeder Situation die Haltung zu bewahren und keine Gefühle zu zeigen, galt plötzlich nicht mehr als Tugend, sondern als Mangel. So wurde nach Dianas Begräbnis allgemein kritisiert, Königin Elizabeth habe sich zu unemotional verhalten. Die Queen lernte ihre Lektion, denn schon wenige Wochen später informierte Elizabeth die Medien, sie wolle mit ihrer Weihnachtsbotschaft der Nation »die Hand reichen« und sich als warmherziges, menschliches Wesen zeigen. Heute lässt die Queen den Volkswillen von Meinungsforschern erfragen, schüttelt bürgerliche Hände, lässt sich von Annie Leibovitz fotografieren und betont, dass sie von ihrer verstorbenen Schwiegertochter zu lernen gedenkt. In dieser Klatschfreudigkeit lebt Diana tatsächlich weiter.

Die neuen Promis und die Macht des Publikums

Mitte der 90er Jahre des 20. Jahrhunderts begann sich das herkömmliche Starsystem zu wandeln. An die Seite des Stars gesellte sich ein weniger schillernder Zwilling: der Promi. Wurden die Stars der alten Schule verehrt und als Vorbildfiguren gefeiert, werden Promis eher zur Kenntnis genommen als eine Art Parallelgesellschaft. Die meisten von ihnen beherrschen die Kunst der Selbstdarstellung und -vermarktung, sind aber umso auswechselbarer: ideale Identifikationsfiguren für die eigene Normalität.

Besonders gut illustriert diese veränderten VIP-Verhältnisse die relativ neue Spezies der »Prominenz ohne Werk«. Man kann sie auch als eine moderne Version des Adels betrachten. Denn so wie die Grimaldis und Windsors sind auch die Veronas und Naddels berühmt, ohne dafür eine Leistung im herkömmlichen Sinne erbracht zu haben. Ihr Verdienst besteht vor allem darin, durch mediale Dauerpräsenz für ein beruhigendes Grundrauschen zu sorgen.

Die Grenzen zwischen Promis und Nicht-Promis werden dabei immer durchlässiger für Aufmerksamkeitsheischende jeglicher Couleur. So wird es seit einigen Jahren auch völlig Unbekannten möglich gemacht, über Nacht berühmt zu werden. Institutionen für diese Promi-Nachzüchtung hat vor allem das Fernsehen hervorgebracht. Wie die reine öffentliche Aufmerksamkeit heute für flüchtigen Ruhm ausreicht, zeigt zum Beispiel der Menschenzoo von »Big Brother«.

In Castingshows wie »Deutschland sucht den Superstar« wird dagegen das Prinzip der Star-Vergötterung umgekehrt. Das Publikum kann gottgleich selbst darüber entscheiden, ob ein Kandidat in den Superstar-Himmel aufsteigen darf oder zurück in die Hölle der Bedeutungslosigkeit geschickt wird. Diese Schöpfung aus dem Nichts belegt, dass heute tatsächlich jeder die Warholschen 15 Minuten Ruhm erreichen kann. Und vor allem: dass ein kollektiver Traum der Jugend im 21. Jahrhundert darin besteht, zum Instant-Klatschobjekt zu werden.

In welche Extreme diese neue Promi-Kultur getrieben werden kann, lässt sich in der Show »Ich bin ein Star ... holt mich hier raus!« beobachten, in der abgehalfterte B- und C-Promis aus der Versenkung in den australischen Urwald geschickt werden, wo sie rund um die Uhr gefilmt werden und abstoßende Ekel-»Prüfungen« über sich ergehen lassen müssen. Wer dabei jeweils geopfert wird, um Känguruhoden zu essen oder unter der Kakerlaken-Dusche zu liegen, bestimmt der Publikumsgott. Das Schöne an diesem Format sind seine geradezu aufklärerischen Züge, denn der Zuschauer kann den »Promis« hautnah bei ihrer eigentlichen

Arbeit zusehen: dem Kampf um Aufmerksamkeit. Wir bekommen live vorgeführt, wie Prominenz produziert wird, indem wir die Dschungelbewohner dabei beobachten, wie sie sich selbst mit den Augen der Zuschauer beobachten und heimlich um unsere Gunst buhlen.

Stars im Netz und Stars aus dem Netz

Eine ganz neue Dimension hat die Macht der Zuschauer und Fans durch das Internet erreicht. Nicht nur, weil man auf Ebay mit wenigen Klicks ein »Meet & Greet« mit seinem Star oder Fan-Devotionalien ersteigern kann, von Gwyneth Paltrows Haarsträhnen bis zu angeknabberten Essensresten von Paris Hilton. Vor allem erleichtert das Netz eine aktive Teilnahme an der Klatschkultur, auch über Kontakte und Konflikte zwischen Fans und Stars.

Im virtuellen Mitmach-Netz können Fans ihre eigenen Klatschgeschichten schreiben. Oder klarstellen, dass sie nicht einfach so hinnehmen, was mit ihren Stars passiert, seien es Beziehungen, Besetzungslisten oder VIP-Diäten. In einer Web-Petition an Britney Spears forderten Fans, sie solle ihren Gatten Kevin Federline verlassen, flankiert von Fotos, die Britneys Abstieg zur Lotter-Lady unter Kevins schlechtem Einfluss dokumentierten.

Umgekehrt bietet das Internet Stars aber auch die Möglichkeit, sich online zur Wehr zu setzen. 2008 beschwerte sich Heather Mills auf einer eigens errichteten Seite, dass sie seit der Trennung von Paul McCartney im Mai 2006 in »fast 5000 negativen und verleumderischen Artikeln« angegriffen worden sei. Dabei habe sich vor allem das Boulevardblatt »The Sun« »erwiesenermaßen bösartig« verhalten. Den Usern rief sie zu: »Wachen Sie auf und unterzeichnen Sie unsere Petition.« An einem virtuellen Pranger konnten

Betroffene ihre negativen Erfahrungen mit Reportern und Fotografen online schildern.

Vor allem aber hat sich das Internet als eine globale Castingshow entpuppt. Immer wieder bringen es Talente zu flüchtiger Berühmtheit oder auch nachhaltigem Ruhm, von Hobbyfotografen über Autoren bis zu Rockbands. Ein Paradebeispiel in Sachen Online-Selbstvermarktung ist Cory Kennedy: Binnen zwei Jahren wurde aus der unbekannten 16-jährigen Schulgöre ein Promi, im Internet und im »echten« Leben. Cory verfügt zwar über keinerlei klassische Talente, stylt sich dafür aber in einem interessanten Trash-Chic-Look. Nachdem ein Partyfotograf einen Schnappschuss von ihr auf seine Website gestellt hatte, explodierte der Corey-Klatsch. Auf MySpace hatte sie innerhalb von Tagen Tausende von Freunden, Blogger gründeten Fan-Plattformen, diskutierten über ihre Looks, spekulierten über ihr Leben, es folgten Jubelartikel in Zeitungen und Magazinen. Heute wird sie von Modefotografen und Designern umworben.

Große Klatschpotenziale haben auch selbst gefilmte Hobby-Darbietungen, die es zunächst zu einem gewissen Online-Ruhm bringen und dann offline weitervermarktet werden. So wurde die 18-jährige Niederländerin Esmée Denters von Popstar Justin Timberlake unter Vertrag genommen, nachdem sie vor einer Webcam Hits nachgesungen und online gestellt hatte. Noch klatschträchtiger sind aber jene Selbstdarsteller, die den Fehler begehen, gerade ihre Talentfreiheit zur Schau zu stellen. Zum Beispiel Gary Brolsma aus New Jersey, der in einem selbstgedrehten Videoclip den moldawischen Popsong »Dragostea Din Tei« gesungen und dazu im Sitzen eine skurrile Darbietung gegeben hatte, die er den »Numa Numa Dance« taufte. Nachdem der Clip Netzruhm erlangt hatte, fand er als skurriles Klatschphänomen seinen Weg bis in die klassischen Medien, wo er bei »Good Morning America«, auf CNN und VH-1 gezeigt wurde – für Gary eine traumatische Erfahrung.

Ein Trauma erlebte auch der Brite Amir T., der Klatschopfer seiner eigenen Computerdateien wurde. Amir hatte seinen Laptop online versteigert und dem unzufriedenen Kunden die Rücknahme verweigert. Der erboste Käufer veröffentlichte daraufhin die Inhalte, die Amir auf der Festplatte vergessen hatte, mit dem Namen ihres Urhebers: Handyfotos von bestrumpfhosten Frauenbeinen in U-Bahnen, Pornofilmchen, verschiedene Varianten von Amirs Lebenslauf, Familienfotos und sogar eine Kopie seines Reisepasses. Die Seite wurde millionenfach aufgerufen. Seitdem sei sein Leben »die Hölle auf Erden«, klagte Amir. »Mein Vater ist sehr wütend.«

Andere ergreifen ihren zweifelhaften Online-Ruhm beim Schopfe und verwerten ihn weiter. Zum Beispiel Corey Delaney. Als seine Eltern in den Urlaub gefahren waren, lud der 16-Jährige auf seiner MySpace-Seite zur Party: »Sturmfreie Bude, weitersagen, bringt was zum Trinken mit, das wollt ihr nicht verpassen.« Als die Nachbarn sich über den Tumult beschwerten, warfen die rund 500 Partygäste mit Flaschen und Steinen und demolierten Autos. Die Polizei rückte mit Hundertstaffel und Hubschrauber an. Am nächsten Morgen gab Corey ein Live-Interview im Fernsehen. Als die pikierte Moderatorin ihn fragte, welchen Rat er nach diesem Desaster anderen Jugendlichen geben würde, die sturmfreie Bude haben, gab Corey die Antwort, die ihn berühmt machte. Statt Buße zu tun, verkündete er: »Lasst mich das für euch machen.« Der Mitschnitt des Interviews lief millionenfach auf YouTube, Corey wurde berühmt, verpflichtete einen Manager und ging als Partyveranstalter auf Tournee.

Das Internet hat neue Regeln für Ruhm, Popularität

und öffentliche Schande geschaffen – und damit auch eine neue Klatschkultur. Durch seine globale Vernetzung ist das Netz, mehr noch als die klassischen Massenmedien, zum unangefochtenen Klatsch-Multiplikator Nr. 1 avanciert. Seine kollektiven Kommunikationsströme können jeden ins Scheinwerferlicht rücken, vom privaten Laptop-Verkäufer bis zum Superstar.

Global Gossip
in der virtuellen Welt

Blogs, Wikis & Co.: Die Emanzipation des Klatsches im Internet

Das Geschwätz aus dem Netz

Am 17. Januar 1998 veröffentlichte Matt Drudge auf seiner Homepage ein Gerücht, das Geschichte machen sollte – auch für die Karriere des Internets als größter Klatschkatalysator aller Zeiten. Das Gerücht kündete von der Affäre des US-Präsidenten Bill Clinton mit seiner Praktikantin Monica Lewinsky und trat einen der größten Präsidenten-Skandale in der Geschichte der USA los. Im Medium Internet konnte Clinton innerhalb weniger Stunden weltweit öffentlich an den Pranger gestellt werden; Zeitungen und Fernsehen zogen nach, bald klatschte die ganze Welt über das »Oral Office«.

»Monicagate« machte deutlich, wie hocheffizient das Internet für die Nachrichten- und Klatschübermittlung ist. Denn das Netz ist ein völlig neuartiger Medientypus: ein Zwitterwesen aus Massenmedium und Individualmedium, das die Vorzüge traditioneller und moderner Kommunikationsweisen vereint und potenziert. Nie zuvor hatten so viele Menschen die Möglichkeit, derart viele andere Menschen zu erreichen und sich zusammenzuschließen, nie zuvor gab es eine solche Menge an frei verfügbaren Informationen, und nie zuvor konnte jeder so schnell und so einfach jegliche Art von Informationen veröffentlichen. Informationen, die alle anderen wiederum unendlich reproduzieren und weiterklatschen können.

Mit dieser Kultur der Offenheit und Schrankenlosigkeit hat das Internet neue Kanäle für »ungesicherte Informationen« geschaffen, die nicht nur das Klatschaufkommen, sondern auch das Klatschbedürfnis und die Klatschrisiken vervielfachen. Schon die E-Mail ist ein hochgradig unsicheres Medium, wie zahlreiche prominente Fälle öffentlich gewordener Privatmails belegen. Monica Lewinsky etwa plauderte in Mails an eine Freundin über ihre präsidiale Affäre. Der republikanische Politiker Mark Foley, der öffentlich als Kämpfer gegen Kinderpornografie auftrat, musste zurücktreten, weil er einem 16-jährigen Büroboten des Kongresses mailte, dass er ihm gern die Kleider vom Leib reißen würde. Und eine Sachbearbeiterin der Bundesagentur für Arbeit berichtete ihrer Freundin in einer Mail ausschweifend über ihr Sexualleben – trug aber ins Empfängerfeld versehentlich die gesamte Behörde ein.

Das Internet lebt von Geschwätz und Gerüchten. Ähnlich wie die Telefonie geht es zum Großteil um Klatsch und pure Lust am Kommunizieren. Man informiert sich ja nicht nur im Netz, sondern chattet und quatscht, ständig, weltweit und ohne sich zeigen zu müssen – und im Schatten der Anonymität fallen die Hemmungen. Das kommt dem Klatschenden entgegen, der gern die eigenen Mängel verbirgt, während er die der anderen hervorhebt. Und es führt zu der faszinierenden Beobachtung, dass uns die Kommunikation in die Ferne oft viel besser gelingt als die mit unseren Nächsten.

Durch das Internet hat sich unsere Vorstellung davon, was privat und was öffentlich ist, dramatisch gewandelt. Was bislang dem vertrauten Umgang zwischen Freunden vorbehalten war, wird im Netz oft für alle einsehbar und mitlesbar. Geschützt durch vermeintliche Anonymität oder Pseudonymität breiten die Menschen im Netz ihre persönlichsten Gedanken und Gefühle aus. Studien zeigen, dass nachwachsende Generationen dadurch eine vollkommen neuartige Vorstellung von Privatsphäre entwickeln. Narzissmus und Exhibitionismus sind inzwischen feste Bestandteile der Identitätsbildung. Teenager in den USA haben den

Wegfall der herkömmlichen »Privatsphäre« bereits so verinnerlicht, dass sie Überwachungskameras und das Einsehen privater Daten als völlig normal empfinden.

Soziale Netzwerke: Klatschen und beklatscht werden

Das amerikanische Nachrichtenmagazin »Time« erkor 2006 den Internet-User zur Person des Jahres. Gefeiert wurde weniger der einzelne Mensch als die virtuelle Gemeinschaft aus Millionen Individuen, die dem sogenannten »Web 2.0« seine Dynamik verleiht. Der Begriff beschreibt das von Menschen gesteuerte Internet, das soziale Netzwerk. Es ist verbunden mit Namen wie MySpace, Facebook oder Xing. Auf MySpace können Mitglieder seit 2003 ihr persönliches Profil präsentieren, inklusive Fotos, Videos und Songs. Die Seite richtete sich ursprünglich an Musiker und Bands, entwickelte sich dann aber schnell zum Massenphänomen, insbesondere unter Jugendlichen. Ähnlich, allerdings ambitionierter und ausgefeilter, funktioniert Facebook. 2004 als Online-Version eines Studentenjahrbuchs gegründet, avancierte das Netzwerk zur weltweit erfolgreichsten Adresse für die virtuelle Verwaltung von Kontakten. Xing wiederum ist eine Art Facebook für Businesskreise; der Name bedeutet im Chinesischen eine optimistische »Can do«-Einstellung und steht für »Begegnungen«.

Diese Beispiele zeigen, wo die Grenze zwischen Web 1.0 und Web 2.0 verläuft: Sie ist im Grunde der Unterschied zwischen rezipieren und partizipieren. Das Internet erzeugt, wie jedes Medium, soziale Bindung – aber es ermöglicht diese Bindungen auf eine neuartige Weise, nämlich in sozialen Netzwerken, die auf kollektive Intelligenz setzen, auf die Vorteile, die jeder Einzelne aus dem Mitmachen der Massen ziehen kann.

Schon die reine Anwesenheit in einem sozialen Netzwerk signalisiert: Ich suche Anschluss. MySpace & Co. setzen auf Menschen, die sich der Präsenz ihrer Artgenossen versichern und den neuesten Klatsch über sie erfahren wollen. Die Betreiber bieten die dafür nötigen Funktionen an. So kann jeder User sehen, was seine »Freunde« in ihren Profilen treiben, wer gerade mit wem über was quatscht oder wer seine Seite besucht hat. Und er setzt sich auf die gleiche Weise der Beobachtung der anderen aus. Jeder Nutzer von Facebook oder Xing ist Spanner und Exhibitionist zugleich.

Die Währung, nach der sozialer Erfolg in Online-Communitys gemessen wird, ist die gleiche wie im »wirklichen« Leben: Beachtung. Sei es in Form von Gästebuchkommentaren, Freundschaftsanfragen oder virtuellen Kuscheleinheiten. »Gruscheln« heißt dieses Online-Kuscheln im Netzwerk StudiVZ (kurz für »Studentenverzeichnis«), eine Mischung aus »Grüßen« und »Kuscheln«, die an das Kraulen, das dem Klatsch zugrunde liegt, erinnert. Denn Beachtungserfolge erzielt man auch im Netz am wirkungsvollsten mit Klatsch, nach dem bewährten Mechanismus »Ich verrate dir intime Details, dafür schenkst du mir Anerkennung«.

Wer unterhaltsame Fundstücke weitergibt, echte Emotionen zeigt oder gruselige Einblicke anbietet, dessen virtueller Sozialstatus steigt. Er wird interessant, findet Erwähnung in Blogs, wird mit Kommentaren und Freundschaftsanfragen überhäuft. So funktioniert die neue Ökonomie der Online-Aufmerksamkeit, sei es bei Nachrichten-Sammelseiten wie Digg (von »to dig«: cool finden), Bookmarksammlungen wie Delicious (»Köstlich«) oder Videoplattformen wie YouTube (von »Tube«: »Glotze«). Stets kommen vor allem die großen Klatsch-Klassiker zum Einsatz: Skandale, Sex und große Gefühle. Um Klatschköder auszuwerfen, stellen die Nutzer freigiebig zur Schau, was sie über sich, ihr Leben, ihre Freunde, ihre sexuellen Vorlieben zur Verfügung haben. »Broadcast Yourself« (»Sende dich«) lautet der Claim von YouTube. Je intimer, skurriler oder peinlicher, umso besser sind die Chancen für maximale Aufmerksamkeit.

Analog zum massenmedialen Promi-Klatsch eignet sich der virtuelle Klatsch sogar als Ersatz für schwächer werdende Freundes- und Verwandtschaftsnetzwerke. Untersuchungen haben gezeigt, dass die Aktivität in sozialen Netzwerken unterstützend wirkt und extrovertierter, sozialer, glücklicher macht. Wer also unzufrieden ist oder unter mangelndem Selbstbewusstsein leidet, kann über eine intensive Facebook-Nutzung durchaus soziale Energiereserven aufbauen. Andererseits handelt es sich bei diesen »Freundschaften« oft um eine illusionäre Pseudo-Intimität, die zudem die Gefahr der Onlinesucht birgt, weil die Euphorie vermeintlicher sozialer Erfolge schnell abhängig macht.

So findet das reale Leben seine virtuelle Erweiterung unter den Vorzeichen der Klatschkultur. Statt E-Mail-Adressen oder Handynummern tauschen Jugendliche heute die URLs ihrer Netzwerk-Profile aus. Das Netzwerk Cyworld erreicht in Südkorea 90 Prozent aller Jugendlichen, und auch die meisten US-Kids können sich ihr Leben ohne MySpace nicht mehr vorstellen. Herkömmliche Freundschaften, bei denen man sich tatsächlich trifft oder lange miteinander telefoniert, weichen dadurch zusehends digitalen Kontakt-Netzwerken. Darin finden sich zwar schnell zahlreiche »Freunde«, doch einzelne, individuelle Kontakte bleiben meist flüchtig – denn wer in den Online-Netzwerken Bekanntschaften sammelt, sitzt dabei meist allein vor seinem Rechner.

Vom Nutzen und Nachteil der Blogosphäre

Auch Weblogs, kurz Blogs, sind inzwischen ein alltägliches Kommunikationsmittel geworden. Die virtuelle Mischung aus Tagebuch, Kolumne, Leserbrief und Presseschau feiert den Kult ums Individuum. Blogger vermischen Privates und Öffentliches, Eigen-PR und Selbstreflexion. Und auch sie profitieren vor allem von der Kraft des Klatsches.

Die Macht der Blogger resultiert aus der intensiven Vernetzung ihrer Blogs, der sogenannten Blogosphäre. Weil die Blogger hier ständig Kontakt miteinander halten, verbreiten sich Informationen blitzschnell – auch außerhalb der Blogosphäre, denn wegen der zahlreichen Verlinkungen sind Blogs besonders beliebt bei Suchmaschinen wie Google. Sobald etwas Interessantes in einem Blog steht, spricht es sich herum. Deswegen haben Blogger im Internet eine gewisse Meinungsführerschaft. Sie sind die Online-Alphatiere, die die Klatschthemen setzen.

Interessant ist, dass die Themen, die dem Resonanzkörper Blogosphäre entströmen, gerade auch jenseits der etablierten Medienstrukturen Aufmerksamkeit erregen können. Das Ich-Medium Blog macht jeden zum potenziellen Medienproduzenten, und der daraus resultierende Bürgerjournalismus entschärft die mediale Hierarchie zwischen Profis und Laien. Große Medienhäuser und Verlage haben nicht länger das absolute Informationsmonopol. In den USA werden prominente Blogger längst wie einflussreiche freie Journalisten behandelt.

Den Urknall für diesen Blogging-Boom lieferten die Terroranschläge vom 11. September 2001. Die Zuschauer wichen vor den dauerwiederholten Fernsehbildern aus auf die emotionaleren Augenzeugenberichte im Internet. Während des Irakkriegs mutierten die politischen Blogs dann zu »Warblogs« mit zum Teil Hunderttausenden von Lesern.

Ähnliche Massenzuläufe erlebt die Blogosphäre bei Naturkatastrophen. 2004 machte der Tsunami bloggende Augenzeugen zu Reportern und Blogs zu wichtigen Nachrichtenquellen. 2005 kompensierten Blogger den Ausfall der Telefonnetze nach den Bombenanschlägen in London. Und nach dem Hurrikan »Katrina« halfen Blogger bei der Vermisstensuche und schilderten hautnah die unfassbaren Geschehnisse in New Orleans, vom Elend des tagelangen Wartens auf Hilfskonvois über in Brand gesteckte Häuser bis zu plündernden Polizisten.

Wachsender Beliebtheit erfreut sich auch das »Microblogging«. In dem sozialen Netzwerk Twitter (»Gezwitscher«) können User seit 2006 Mini-Einträge von bis zu 140 Zeichen Länge veröffentlichen und die »Tweets« (neue Einträge) anderer User abonnieren. So kann jeder sein persönliches Zwitscher-Konzert arrangieren. Das körperlose Getschilpe wird angetrieben von der Devise »Wie man in den Wald hineinzwitschert, so zwitschert es hinaus«. Denn die Nachrichten richten sich nicht an einzelne Adressaten, sondern an die Allgemeinheit: an die eigenen »Follower«, die die Tweets abonniert haben, und an diejenigen, die im großen Twitter-Gewitter zufällig auf einen Tweet stoßen und mehr lesen wollen. So hofft jedes virtuelle Vögelchen, dass seine Botschaften auf offene Ohren treffen und die Zahl seiner Follower wachsen lassen.

Auch Stars, Prominente und Politiker haben diese Aufmerksamkeitsquelle schnell für sich entdeckt und zwitschern munter drauflos. Besonders hervorgetan hat sich dabei der Schauspieler Ashton Kutcher, der im April 2009 einen selbst initiierten Zwitscher-Zweikampf gegen den Nachrichtensender CNN gewann. Mit knappem Vorsprung gelang es ihm, als Erster mehr als eine Million Follower zu versammeln. Dieser Erfolg beruht auch darauf, dass Kutcher und seine Gattin, die 15 Jahre ältere Schauspielerin

Demi Moore, offen über Privates zwitschern und via Twitter sogar auf Privatfotos aufmerksam machen. Unabhängig von den Zwängen der Klatschpresse können sie auf diese Weise direkt und authentisch mit ihren Fans kommunizieren: eine innovative Form des digitalen Direkt-Klatsches, auf die künftig kaum ein Star verzichten können wird.

Jenseits dieses Blicks durchs Promi-Schlüsselloch kann das wenig zielgerichtete Publizieren von Mini-Statements mitunter aber auch groteske Züge annehmen. Oft wird zum Beispiel nur getwittert, um die eigene Anwesenheit zu markieren, frei von inhaltlicher Relevanz (»mach mir grad nen kaffee«). Bei aktuellen Ereignissen hingegen kann das Gezwitscher eine Dramatik erzeugen, die mit einer Live-Berichterstattung vergleichbar ist. Von den Terroranschlägen in Mumbai im November 2008 erfuhr die Welt zuerst durch Twitter, ebenso von der Airbus-Notlandung im Hudson River Anfang 2009 oder dem Amoklauf von Winnenden im März 2009: Passanten twitterten von ihren Handys quasi in Echtzeit ihre Beobachtungen – schneller als jede Redaktion. Diese Form von High-Speed-News ist zugleich mit Vorsicht zu genießen, denn natürlich verleitet das vielstimmige Durcheinander auch zur Verbreitung von Gerüchten und Unwahrheiten.

Daher verwundert es nicht, dass Twitter auch eine bevorzugte Plattform für gefälschte Promi-Profile ist – die sich allerdings durchaus charmant und sogar lehrreich gestalten können. So zwitschern Dutzende toter Berühmtheiten in historischen Tweets munter drauflos, von Shakespeare, Goethe und Nietzsche bis zu Gandhi, Freud, Einstein oder Darwin, der 2009, pünktlich zum 200. Geburtstag, quasi in Echtzeit von Bord der »HMS Beagle« twitterte. Wirkliche Verwirrungen erzeugen solche Fälschungen bei Facebook, wo rund 40 Prozent aller Star-Profile unecht sind. Allein Kate Winslet verfügte Anfang 2009 noch über ein ganzes

Dutzend von Profilen, in denen sie unter anderem über Konkurrentinnen wie Angelina Jolie lästert. Sogar die Betreiber verlieren hier den Durchblick: Bei dem Versuch, gefälschte Einträge zu beseitigen, löschte Facebook auch mehrere authentische Star-Profile.

Soziale Netzwerke, Blogs und virtuelles Gezwitscher machen deutlich, dass mit dem Internet eine neue Medienära angebrochen ist, die neue Klatschqualitäten aufweist. Der eindimensionale Sender-Empfänger-Nachrichtenstrom, wie wir ihn aus Zeitungen, Lexika und Fernsehen kennen, wird aufgebrochen und ergänzt durch einen neuen Mitmach-Journalismus. Durch seine Vernetzung und subjektivere Sichtweise ist dieser partizipative Journalismus schneller, direkter und persönlicher als die traditionellen Medien und bietet somit optimale Voraussetzungen für Anschlusskommunikation. Diese Vorteile wissen auch professionelle Journalisten zu schätzen, die Blogs als Recherchequellen nutzen. Dafür wird allerdings auch ihr eigenes Tun überwacht von sogenannten »Watchblogs«, etwa dem »Bildblog«, das Tag für Tag die Fehler der »Bild«-Zeitung aufdeckt.

Wie mächtig der neue Online-Bürgerjournalismus sein kann, zeigte die südkoreanische Webseite Ohmynews: Zehntausende von Bürgerreportern trugen aktiv dazu bei, dass der Menschenrechtsanwalt Roh Moo-hyun 2002 die Präsidentschaftswahlen gewann. Solche Beispiele können dazu verleiten, das Bloggen zu idealisieren und die Cyberkultur als legitimen Nachfolger des Projekts der Aufklärung zu beschwören. Im Gegenzug könnte man die Blogosphäre aber auch einfach als ein Phänomen der immer geschwätzigeren Medienwelt betrachten. Denn wie das Internet selbst hat auch das Bloggen stets etwas Rudimentäres, Flüchtiges, Grenzenloses. Blogeinträge flackern schnell auf und verblassen schnell wieder, wie ein Gerücht oder ein Skandal.

Daher bieten Blogs Gerüchten und Skandalen beste Bedingungen zum Wuchern, frei von jeglicher redaktioneller Kontrolle. Auch diverse Blogger kostete ihr öffentliches Online-Tagebuch bereits den Job. Etwa den jungen Manager Steve Beall, der Ende 2006 im britischen Barrow-in-Furness die Filiale einer Schokoladen-Kette eröffnen sollte. Beall hatte keine Lust auf die Versetzung in das Örtchen, das er in seinem MySpace-Blog als »s***-hole« beschimpfte. Nachdem die Einträge entdeckt und von einer Lokalzeitung abgedruckt worden waren, wollten sich die Bewohner rächen. Die Polizei musste sie zurückhalten – und Beall war seinen Job los.

CNN-Nachrichtenchef Eason Jordan hingegen musste kündigen, weil er Bloggern zufolge gesagt haben sollte, dass amerikanisch-britische Truppen vorsätzlich Journalisten ins Visier genommen hätten. Klar belegbar waren die Vorwürfe nicht, doch da war der Beschuldigte bereits geschasst worden. Durch ihre Schnelligkeit bietet die Blogosphäre – so wie das Web 2.0 generell – ein ideales Milieu, in dem sich Gerüchte festsetzen können, bevor die Beschuldigten überhaupt die Chance haben, den Sachverhalt aufzuklären.

Cyber-Mobbing und virtuelle Pranger im globalen Dorf

Das Internet weist die gleichen Krankheitssymptome auf wie die »reale« Gesellschaft. Auch im Netz grassieren Gemeinheiten, Geltungssucht, üble Nachrede und kriminelle Absichten. Allerdings steigert die immer stärkere Nutzung der Computernetze die Geschwindigkeit der Gerüchteverbreitung enorm – und der böse Klatsch hat online ein niedrigeres Handicap, denn die virtuelle Anonymität bildet auch eine Schutzzone. Nicht nur für Wichtigtuer und Verleumder, sondern auch für Hochstapler, Perverse und Pädophile, die sich zum Beispiel in sozialen Netzwerken wie MySpace tummeln. Sogar amerikanische Großstadtgangs haben schon über YouTube, Facebook und MySpace versucht, Teenager für Straßenschlachten zu rekrutieren.

Das Internet steigert auch die allgemeine Popularität von Verschwörungstheorien, indem es einen Marktplatz für Abseitiges bietet. Die Auflösung der Unterscheidung von Produzent und Rezipient sowie die fehlende Vorzensur machen jegliche Inhalte unkontrolliert verbreitbar und öffnen der Vermischung von Fakten und Fiktionen Tür und Tor – ein ideales Biotop für verschwörerische Klatschkeime. Die altehrwürdige »International Society for Contemporary Legend Research« klagt bereits über eine »Verrohung« der »Urban Legends« durch das Internet. Die Grenzen von Anstand und Scham würden aufgelöst durch Rufmordkampagnen, Verschwörungstheorien gegen Prominente und Politiker sowie ein allgemeines Verschwinden des »erzählerischen Talents«.

Dafür blühen verleumderische Talente umso mehr, denn im Netz kann ein Ruf schnell ruiniert werden. Das Internet hat ein langes Gedächtnis und macht Peinliches, Privates und Rufschädigendes jederzeit für jedermann auffindbar. Einige Cyber-Mobbing-Opfer haben wir bereits kennengelernt; ein weiteres Exemplar ist Ghyslain Raza, ein übergewichtiger Teenager aus Quebec, der sich dabei filmte, wie er mit Golfschlägern »Star Wars« spielte, indem er sie wie Lichtschwerter um sich schwenkte und dabei wild tanzte. Ein Klassenkamerad fand das Videotape, digitalisierte es und stellte es ins Internet: Das »Star Wars Kid« war geboren. Allein bis Ende 2004 wurde das Video über 76 Millionen Mal angesehen. Der weltweite Klatsch führte dazu, dass Ghyslain die Schule wechseln musste und depressiv wurde. »Ich will mein Leben zurück«, klagte er in einem Interview.

Auch bösartiger Beziehungsklatsch kann zum Cyber-Mobbing mutieren und fatale Folgen haben. Die 13-jährige Megan Meier aus dem US-Provinznest Dardenne Prairie in Missouri hatte sich auf MySpace in den attraktiven 16-jährigen Josh Evans verliebt, der sich überraschenderweise für die übergewichtige und depressionsgefährdete Megan interessierte. Plötzlich aber brach er den Kontakt ab, angeblich, weil er gehört habe, dass sie schlecht mit ihren Freunden umgehe und böse sei. Weitere MySpace-Nutzer nannten Megan plötzlich eine »Schlampe« und verbreiteten Botschaften wie »Megan ist fett!«. Daraufhin erhängte sich Megan im Keller ihres Elternhauses. Später stellte sich heraus, dass hinter Joshs Profil in Wirklichkeit eine frühere Freundin von Megan steckte, die sich dafür rächen wollte, dass Megan die Freundschaft beendet hatte.

Im Unterschied zum Mobbing im realen Leben bietet das Internet weitaus größere Inszenierungspotenziale. Bei der herkömmlichen Variante hat man es immerhin noch mit »greifbaren« Gegnern zu tun, deren Attacken sich auf einen überschaubaren Raum beschränken, etwa auf den Schulhof. Virtuelle Szenarien sind dagegen ohne klare Begrenzungen und schwer durchschaubar, weil die Intriganten sich hinter Pseudonymen und falschen Identitäten verstecken können. Eine Anonymität, die zudem die Hemmungen der Täter schwinden lässt, weil sie die Leiden der Opfer nicht live miterleben können.

Für gekränkte Gemüter ist das Internet eine ideale Spielwiese. Auf YouTube finden sich zahlreiche Clips betrogener Ehefrauen, darunter etwa das Lästervideo von Tricia Walsh Smith. Weil ihr über 25 Jahre älterer Mann sie aus dem gemeinsamen Luxusapartment in New York schmeißen wollte, machte sie sich unter anderem über seine sexuellen Hilfsmittel lustig und denunzierte seine Tochter als »die Böse« – das Video hatte mehr als drei Millionen Aufrufe innerhalb weniger Tage. Die Webseite DontDateHimGirl bietet Frauen sogar eine offizielle Anlaufstelle, um über ihre Ex-Partner zu lästern und Geschlechtsgenossinnen so vor vermeintlichen Versagern zu warnen, inklusive Name, Foto und Wohnort der Kandidaten.

Ein Klassiker im Bereich des Cyber-Mobbings ist auch die Lächerlichmachung von Lehrern in Text und Bild. Auf Bewertungsportalen wie »Spickmich« oder »MeinProf« können Lehrer und Professoren öffentlich und ungeprüft von ihren Schülern bewertet oder auch verleumdet werden. Auf Videoportalen finden sich Hunderte verwackelter Kurzfilme, auf denen Lehrer provoziert und zum Ausrasten gebracht werden. Die Clips tragen Titel wie »Lehrer wird gehauen mit Besen«. Ein Video zeigt, wie ein Schüler seinem Lehrer vor der Tafel die Hose herunterzieht. In einem anderen Clip wurde der Kopf eines ungeliebten Lehrers in einen Comic-Kurzfilm kopiert und dort mit viel Blutgespritze abgetrennt. Das Foto eines älteren Lehrers tauchte auf einer Internet-Singlebörse auf, mit dem Hinweis, er habe einen Hang zu blonden Mädchen mit langen Zöpfen.

Diverse Webseiten haben sich auf diese Form virtueller Denunziation spezialisiert und animieren unverhüllt zu sozialer Brandstiftung. Besonders beobachtbar macht das die Seite Rottenneighbor (»mieser Nachbar«). Seit jeher ist die Nachbarschaft ein klassisches Klatschterrain, im Internet ist es nun zum virtuellen Pranger umfunktioniert worden: Ungeliebte Nachbarn können mit ausführlichen Beschreibungen ihrer Vergehen und exakter Adressangabe auf einer Landkarte markiert werden. Den Anstoß zum Aufbau der Seite lieferten dem Gründer die üblen Essensgerüche seiner Nachbarn: »Their cooking smelled pretty foul.« Ob Hundehalter, Saxophonspieler oder Lautstöhner, auf Rottenneighbor wird gnadenlos geoutet und genüsslich kommentiert.

Die virtuelle Anprangerung wird aber auch von ganz offizieller Seite betrieben, als staatlich verordnete Ächtung mit den Mitteln des World Wide Web. So veröffentlicht die University of Colorado Fotos von kiffenden Studenten, das Chicago Police Department präsentiert Passbilder von Männern, die mit Prostituierten erwischt wurden, und auf der »National Sex Offenders Public Website« lassen sich Namen, Adressen und Fotos verurteilter Vergewaltiger besichtigen.

Neben dieser denunziatorischen Variante der Gerüchtepolizei gibt es auch die bereinigende Form. Sie hat sich unter dem neuen Geschäftszweig »Reputation-Management« formiert und verspricht die komplette Auslöschung missliebigen Online-Klatsches. Allerdings ist es kaum möglich, einmal hochgeladene Inhalte dauerhaft aus dem Netz zu entfernen, weil sich selbst längst gelöschte Seiten noch auffinden lassen.

Die Klatschinflation im Netz zeigt, dass die virtuelle Weltgesellschaft deutliche Züge einer vormedialen, dörflichen Oralität aufweist: Berühmt sind diejenigen, über die im globalen Dorf geschwatzt wird, geächtet sind die, die am virtuellen Pranger stehen. Und so wie sich der Privatklatsch von Mund zu Mund verbreitet, springen Gerüchte sekundenschnell von Computer zu Computer um den ganzen Globus. Chat- und Instant-Messaging-Techniken machen zugleich sichtbar, wer gerade ansprechbar, beschäftigt oder abwesend ist: Die Bekannten sind also quasi dauerpräsent und stets in Hörweite – eine Transparenz, die sonst nur mit kleinen Dorf-Öffentlichkeiten zu vergleichen ist.

Netz-Communitys: Schwatzende Schwärme

Kluger Klatsch im Kollektiv

Im Jahr 2001 hatte der US-Amerikaner Jimmy Wales die Idee, mit freiwilligen Helfern eine riesige Wissenssammlung aufzubauen. Heute ist seine Online-Enzyklopädie Wikipedia, an der jeder mitschreiben kann, eine Internet-Institution wie Google, und Wales wird gefeiert als legitimer Nachfolger von Diderot und d'Alembert, die mit ihrer 1751 begonnenen Encyclopédie Weltruhm erlangten.

Wikipedia ist das prominenteste Beispiel eines Wiki, also einer Website, die von einer beliebigen Anzahl von Nutzern nicht nur gelesen, sondern auch bearbeitet werden kann. Der Name stammt vom hawaiischen »wiki-wiki«, was »schnell« bedeutet. In der Tat war die weltweite Informations- und Gerüchteverbreitung im Netz nie effektiver als mit dieser Klatschkraft des Kollektivs. Ähnlich wie der Bürgerjournalismus profitiert auch Wikipedia von seiner Reaktionsgeschwindigkeit. Schon am Abend der Papstwahl erschien hier ein neuer Eintrag, während die Online-Ausgaben von Brockhaus & Co. noch Wochen später nichts über Benedikt XVI. zu vermelden hatten.

Eine ähnliche Erfolgsstory wie Wikipedia hat das frei verfügbare Computer-Betriebssystems Linux aufzuweisen. 1991 entwickelte der finnische Informatikstudent Linus Torvalds einen Nachbau des populären, aber teuren Betriebssystems Unix und veröffentlichte die Software-Beschreibung im Internet, sodass jeder das Programm ausprobieren und den Code ergänzen konnte – die Grundlage einer kontinuierlichen Kooperation und Verbesserung, die Linux zu einem führenden Betriebssystem avancieren ließ. Zigtausende solcher »Open Source«-Projekte kursieren heute im

Internet. Für Wikipedia-Gründer Jimmy Wales ist die Sache klar: »Wenn mehrere Menschen zusammenarbeiten, ist das Ergebnis meist besser, als wenn es einer allein machen würde.« Macht uns Klatsch also klug, solange er in geordneten Bahnen verläuft?

In der Tat ist ein grundlegendes Prinzip allen Lebens die Selbstorganisation, die aus Chaos Ordnung entstehen lässt, ohne die Oberaufsicht einer zentralen Kontrolle. Dahinter steht das Phänomen der Entropie, der gleichmäßigen Verteilung von Energie: Alle physikalischen Prozesse streben nach einem thermodynamischen Gleichgewichtszustand. »Auch die Koordination zwischen Individuen zieht eine Grenze zwischen innerer Ordnung und äußerer Unordnung, sodass im Endeffekt das Ganze mehr ist als die Summe seiner Teile. Genau das machen uns die Ameisen vor«, sagt Wales.

Staatenbildende Insekten wie Ameisen, Termiten oder Bienen sowie Vogel- und Fischschwärme zeigen, welchen Mehrwert das kollektive Ziehen an einem Strang haben kann. Die einzelnen Individuen sind dabei zwar nur eingeschränkt unabhängig, handeln dafür aber umso zielgerichteter. Ein Versuch mit Heuschrecken etwa zeigte, dass, sobald sich 20 oder mehr Insekten auf einem Quadratmeter befinden, alle in dieselbe Richtung laufen und so aus chaotischen Einzelteilen ein geordnetes Ganzes entsteht. Das Erfolgsgeheimnis des Schwarms ist seine Fähigkeit, sich sehr schnell zu formieren und ohne vorherige Planung flexibel und koordiniert zu handeln.

Das geschieht vor allem durch die ständige Interaktion der beteiligten Individuen. Bienen kommunizieren durch Schwänzeltanz, Termiten markieren ihre Umwelt durch Pheromone, an denen sich alle anderen Individuen orientieren können. Der faszinierende Effekt ist, dass eine Summe einfacher Interaktionen zur Lösung komplexer Probleme führt. Zum Beispiel kann eine Ameise über eine Pheromonspur sehr einfach den kürzesten Weg zur Nahrungsquelle finden, während das Finden des Weges selbst alles andere als einfach ist. Eine einzelne Ameise ist nicht clever, aber Ameisenkolonien sind es schon. Genauso funktioniert es im Fisch- oder Vogelschwarm. Nur wenige Individuen sehen den Hai kommen oder kennen die Flugroute, aber der ganze Schwarm kann reagieren und profitieren. In diesem Sinne macht Klatsch tatsächlich klug. Aber gilt das auch für uns?

Wenn Menschen ins Schwärmen geraten

Dass auch der Mensch zum Schwärmen neigt, haben diverse Experimente belegt. In einem Versuch wurden 200 Freiwillige aufgefordert, sich in einer großen Halle frei zu bewegen. Einzige Auflagen: nicht stehen bleiben, nicht kommunizieren und immer dicht beim Nachbarn bleiben. Nach einiger Zeit bildeten sich zwei rotierende Kreise, wie man sie auch bei Barrakudas beobachten kann; ein innerer Kreis und ein äußerer in gegenläufiger Richtung. Und wie bei Tierschwärmen schloss sich die Mehrheit einigen Vorläufern an. Die Forscher erkannten, dass zum Führen eines Schwarms eine Elite von fünf Prozent genügt, die weiß, wo es langgeht.

Auch diese Beobachtung zeigt, dass Schwärme generell klatschaffin sind, und zwar gerade weil sie von Individualisierung und Idolisierung profitieren. Wie ein Wolfsrudel seine Alphatiere, brauchen auch Menschengruppen Stars und Stellvertreter, an denen sie sich orientieren und die sie umschwärmen können. Interessante Erkenntnisse liefert dabei auch der Bereich der Moden und Trends. Das Paradox der Mode ist ja, dass man sich gerade durch Anpassung an die Allgemeinheit unterscheiden will. Man gehört dazu und ist zugleich »anders«. Offenbar wollen wir sowohl den Sonderstatus der Individualisierung als auch die Nestwärme der Gruppe genießen, als goldenem Mittelweg folgen wir deshalb gern besonders individuell erscheinenden Gruppen. Das belegen auch Phänomene der »Gentrifizierung«: In bestimmten Stadtteilen kopieren immer mehr Menschen einen bestimmten Lebensstil, bis dieser schließlich Allgemeingut ist; zu zweifelhaftem Ruhm gelangte dadurch etwa der Prenzlauer Berg in Berlin.

Dieser Gruppenzwang ist auch ein wichtiger Erfolgsfaktor für die Wirtschaft. Versuche ergaben etwa, dass Konsumenten einen Song besser finden, wenn sie wissen, dass er bei anderen Hörern bereits gut angekommen ist. Menschen mögen prinzipiell die Mehrheitsmeinung. Auch menschliche Schwärme folgen unbewusst immer der Richtung der größten Führergruppe, selbst wenn diese nur eine zusätzliche Person hat. Solche Formen spontaner Selbstorganisierung lassen sich zum Beispiel an Flughäfen beobachten, wenn nach der Landung einige zielgerichtet vorangehen und alle anderen folgen, im Vertrauen darauf, dass die Vorderen Bescheid wissen. Ein anderes Beispiel ist die Publikumsfrage bei »Wer wird Millionär«: Die Mehrheit der Zuschauer weiß zwar selbst nicht die richtige Antwort, kann aber besser die falschen ausschließen.

Die miteinander klatschende Mehrheit ist also schlauer als jedes ihrer Mitglieder. Und damit ist sie auch mächtiger, vor allem, wenn diese Kooperationsfähigkeit durch das Internet und mobile Kommunikation potenziert wird. Das veranschaulicht etwa das Phänomen der »Smart Mobs« (»schlauer Pöbel«): Gruppen, die sich spontan per Handy und Mail koordinieren, um ihre Interessen zu vertreten, ohne sich in Parteien, Gewerkschaften oder Verbänden zu organisieren. Solche Mobilisierungen führten 2001 zum

Sturz von Präsident Estrada in Manila, mobilisierten 2002 die Wähler in Korea und führten zu Demonstrationen in den USA oder China. Auch Globalisierungsgegner informieren sich auf Massendemonstrationen per Handy kontinuierlich gegenseitig über Bewegungen der Polizei, um sich schwarmgleich immer wieder aufzuteilen und neu zusammenzufinden.

Dieser technisch versierte Schwarmklatsch kann aber auch ganz sinnfreie Formen annehmen. So verabreden sich bei »Flash Mobs« Wildfremde blitzartig per Mail oder SMS zu grotesken Aktionen in der Öffentlichkeit, die für Außenstehende nicht nachvollziehbar sind – eine Art Performance-Klatsch für Eingeweihte. Beim ersten Flash Mob sollen sich in New York rund 100 Menschen, koordiniert über SMS, im Kaufhaus Macy's um einen Teppich versammelt haben, um zu behaupten, sie lebten zusammen in einem Lagerhaus und bräuchten einen Liebesteppich. 2006 tanzten 3500 Flashmobber in der Londoner Paddington Station mit MP3-Kopfhörern im Ohr, 2008 bestellten 2000 Menschen in Berlin gleichzeitig einen Hamburger bei McDonald's.

Schwarm-Charme: Gut vernetzt ist halb gewonnen

Man kann die gesamte Geschichte der Menschheit als eine Geschichte der Netzwerke lesen. Von Opus Dei und dem Jesuitenorden über die höfische Gesellschaft des Mittelalters bis heute basieren Macht, Einfluss und Karrieren auf Netzwerkstrukturen. Schon im kleinen, privaten Rahmen weiß jeder, wie nützlich ein funktionierendes Netzwerk ist. Ein Tipp von einem Freund ist meist besser als ein Blick in die Gelben Seiten, weil er glaub- und vertrauenswürdig ist. Wer an ein Klatschnetzwerk angeschlossen ist, findet schneller einen Job und eine Wohnung. Dabei reicht es sogar schon, wenn man selbst nur ein kleines Netzwerk hat, in dem sich aber ein großer Klatschnetzwerker befindet.

Pierre Bourdieu zufolge verschafft uns ein persönliches Beziehungsnetz »soziales Kapital«, etwa in Form von Insider-Informationen, Unterhaltung, emotionaler und praktischer Unterstützung, sozialer Anerkennung, beruflichen Empfehlungen oder Leih- und Tauschmöglichkeiten. In jedem Fall trägt es zu persönlichem Wohlempfinden und gesellschaftlichem Erfolg bei. Und es macht gesund, denn Menschen, die in funktionierende Netzwerke eingebunden sind, werden nachgewiesenermaßen seltener krank und genesen schneller.

1967 entdeckte der Sozialpsychologe Stanley Milgram das »Small world phenomenon«: Jeder Mensch, so seine These, steht über höchstens sechs Schritte in einer Beziehung mit jedem anderen Menschen. Sechs Jahre später erkannte der Soziologe Mark Granovetter in diesen »schwachen Links« eine heimliche Stärke. Gerade die vermeintlich schwachen Verbindungen über indirekte Bekannte bringen einen nämlich oftmals tatsächlich weiter, etwa wenn es um das Finden einer neuen Wohnung geht. Allerdings bekommen innerhalb eines Netzwerks die selteneren »Superknoten«, etwa erfolgreiche Geschäftsleute oder gut informierte Klatschpartner, leichter neue Bindungen als schlechter vernetzte Knotenpunkte, weil ihr hoher »Linking Value« anderen Netzwerkern eine Steigerung des eigenen Linking Values verspricht.

Heute ist das Internet das Netzwerk der Netzwerke. Und das Web 2.0, das Mitmach-Web mit seinen sozialen Netzwerken, veranschaulicht beispielhaft das Erfolgsprinzip der Selbstorganisation: Menschen, die normalerweise gar nicht miteinander sprechen würden, vernetzen sich über Beziehungen und Interessen miteinander. Sie diskutieren, verraten einander Schnäppchen- und Lokaltipps oder flirten.

Interessanterweise werden schwache Bindungen dadurch zwar einerseits tendenziell wichtiger als feste Freundschaften. Andererseits scheint aber der Wert von 150 sozialen Kontakten als Obergrenze eines organisierbaren Netzwerkes, den Klatschforscher Robin Dunbar ermittelte, dennoch fortzudauern. So verlinken wir in sozialen Netzwerken durchschnittlich »nur« 150-200 Kontakte, obwohl uns die neuen Informationstechnologien unbegrenzt große Bekanntschaftskreise ermöglichen. Auch im Internet wollen wir also nicht auf ein Mindestmaß an Vertrauen verzichten.

Von Hoaxes und Handys

Eine Spezialform des Online-Klatsches sind sogenannte »Hoaxes«. Das Wort entstammt einer Verkürzung von »Hokuspokus« zu »Hokus« und bezeichnet Falschmeldungen, die per Mail, SMS oder MMS weitergeklatscht werden. Weil sie von vielen für wahr gehalten werden, werden sie an den Freundeskreis weitergeleitet und finden so rasend schnelle Verbreitung.

Oft sind Online-Hoaxes schlicht scherzhafter Natur. Eine Hoax-Mail kündete etwa von einem imaginären »Internet-Cleaning-Day«: »Wie viele von Ihnen wissen, muss das Internet jedes Jahr einmal für 24 Stunden zur Säuberung geschlossen werden«, um das Netz von »toten E-Mails und inaktiven FTP-, Gopher- und WWW-Sites« zu »säubern«. Wie viele Menschen daraufhin tatsächlich, wie empfohlen, ihren Rechner für einen Tag vom Netz nahmen, um ihre Daten vor der vermeintlichen Aufräumaktion zu schützen, ist nicht überliefert. Ebenso frei erfunden war die Mär vom »Good Time«-Virus, einer E-Mail, die beim Öffnen angeblich die Festplatte löscht. Diese Virenwarnung, die 1994 zu kursieren begann, wurde selbst zum Virus, der sich sogar als resistent gegen offizielle Entwarnungen erwies und unter anderen Namen auch heute noch aktiv ist. Real wurde die Gefahr erst Jahre später, etwa durch den legendären »Loveletter«-Virus.

Bedrohliche Seiten weist auch die Geschichte vom »Rattenmädchen« auf, die unter muslimischen Jugendlichen kursierte. Per Mail und SMS wurde das Foto einer bizarr gekrümmten Gestalt mit Rattengesicht, Borsten, Schwanz und Krallen weitergeleitet. Angeblich zeigte das Bild ein Mädchen, das auf dem Koran herumgetrampelt hatte und von Allah zur Strafe in eine Ratte verwandelt wurde. Das »Beweisfoto« kursierte zunächst im arabischen Raum, später auch übersetzt in der Türkei und Resteuropa. Am Ende der Botschaft hieß es: »Versende diese Mail an zehn Freunde, wenn du nicht auch von Allah bestraft werden willst.« Das Rattenmädchen, in Wirklichkeit eine Silikonplastik der australischen Künstlerin Patricia Piccinini, wirft auch ein Licht auf die Bedeutung von Märchen und Mythen zur Glaubensfestigung.

Viren-Hoaxes sind so erfolgreich, weil sie in uns tief verwurzelte, irrationale Ängste vor einer unkontrollierbaren Seuche wecken, die plötzlich irreversible Fehlfunktionen auslöst, sei es des Körpers oder des Computers. Evolutionspsychologisch betrachtet, wollen sich Hoaxes fortpflanzen und brauchen dafür Wirte: Menschen. Daher versuchen Hoaxes möglichst starke Gefühle in uns anzusprechen, die uns evolutionär motivieren: Angst, Sex, Profit, Geltungsdrang, Neugierde und den Wunsch nach Zugehörigkeit. Der soziale Köder sind unsere Klatschinstinkte. Wer die Warnung rechtzeitig weitergibt, sammelt soziales Kapital als Retter der Gemeinschaft. Denn die Existenz eines Netzwerks ist Voraussetzung für die Aufnahme und Weitergabe des Hoaxes, selbst wenn es nur eine imaginäre Gemeinschaft ist, der man sich über das Weiterleiten zugehörig fühlen will.

Der Empfänger eines Hoaxes wähnt sich im Besitz einer exklusiven, hochrelevanten Information (»Innerhalb von 24 Stunden wurden bereits Millionen Computer infiziert«), die er intuitiv weitergibt. Der Verstand wird überlistet, indem klassische Klatschbeschleuniger wie Statusstreben, Hilfsbereitschaft oder Angst aktiviert werden. Trotz allem können Hoaxes dabei einen reinigenden Effekt haben – ähnlich wie echte Viren. Als parasitäre Botschaften besetzen sie das Immunsystem unserer Aufmerksamkeit, können es aber auch stärken, indem sie unsere kommunikativen Abwehrmechanismen trainieren. Wer einmal einem Hoax-Klatsch aufgesessen ist, wird auch andere mediale Hypes oder politische Polarisierungen wachsamer und skeptischer betrachten.

Hoaxes zeigen, dass wir uns nicht nur online zu Klatschschwärmen formieren, sondern auch zu einer mobilen Klatschgesellschaft entwickeln. Schon deshalb, weil Handys ganz generell die Sozialität steigern: Die Bedeutung der mobilen Telefonie liegt immer weniger in der Mobilität selbst als in der Personenbindung. Anders als bei Festnetztelefonen ist bei einem Handyanruf fast immer die gewünschte Person direkt erreichbar. Daher gilt die Übergabe einer persönlichen Handynummer auch als besonderer Vertrauensbeweis.

Die Hauptfunktion von Handys ist daher das kommunikative Kraulen. Ein klingelndes oder piependes Mobiltelefon ist ein Symbol für das Begehrtwerden. Je dichter die Kommunikation, desto höher ist man in der sozialen Gruppe angesiedelt, so wie bei den Affen diejenigen am meisten gekrault werden, die ganz oben auf der Rangleiter stehen. Daher sprechen manche Menschen auch besonders gern und demonstrativ am Handy, wenn sie beobachtet werden, zum Beispiel im Zug. Die Kehrseite dieses Klatsch-Tools ist eine permanente Alarmbereitschaft und die Angst vor dem Alleinsein.

Mit der weltweiten digitalen Vernetzung und der Mobilisierung der Kommunikation haben die Chancen für die Entstehung und Verbreitung von Klatsch einen historischen Höchststand erreicht. Die »Flatratisierung« der Internet- und Handynutzung macht permanente Präsenz und nimmermüde Klatschbereitschaft zum Normalfall. So gehen Klatsch und Tratsch gestärkt aus der digitalen Globalisierung hervor – und prägen damit sämtliche Bereiche unserer Gesellschaft.

Heute: Die Welt als Klatsch und Tratsch

Politainment an der Macht

> Die Meinung, Königin der Erde, ist in keiner Weise der Macht der Könige unterworfen; sie selbst sind ihre ersten Sklaven.
>
> (*Jean-Jacques Rousseau*)

Politik als Promishow

Politik ist eine Klatsch-Veranstaltung, heute mehr denn je. Zunehmend werden politische Inhalte über Personen transportiert, die ihrerseits immer mehr Privates zur Schau tragen. Man kann das als »Amerikanisierung« bezeichnen, schließlich wurden erstmals in den USA ehemalige Kinostars zu Präsidenten (Ronald Reagan) oder Gouverneuren (Arnold Schwarzenegger). In der Zeit der Mediengesellschaft folgt die Politik neuen Spielregeln: Wer als Politiker Erfolg haben will, muss über Starpotenzial verfügen und sein Privatleben klatschgerecht aufbereiten können. Ansonsten hat er keine Chance – Kurt Beck lässt grüßen.

Berühmte Politiker waren schon immer bevorzugte Klatschobjekte. Vom römischen Imperator Julius Caesar ist überliefert, dass er sich aus Eitelkeit sämtliche Körperhaare entfernen und die Haut mit Bimsstein, Pech, Harz und Salben behandeln ließ. Seine Halbglatze versuchte der Diktator zu verstecken, indem er sich die Haare vom Hinterkopf nach vorn kämmte und sein Haupt mit einem Lorbeerkranz schmückte. Außerdem fiel er öfters in Ohnmacht, erlitt bei öffentlichen Auftritten epileptische Anfälle und verfügte über einen ebenso großen wie flexiblen sexuellen Appetit: Caesar war »sehr sinnlich veranlagt«, berichtet sein Biograf Sueton, er habe »für seine Leidenschaft viel Geld verschwendet« und »zahlreiche vornehme Frauen verführt«.

Selbst in den Provinzen waren Ehefrauen nicht vor seinen Attacken sicher. Hinzu kamen schillernde Royal-Affären, etwa mit Kleopatra oder dem bithynischen König Nikomedes – weshalb Caesar von einem Senator als »Matratze des königlichen Bettes« geschmäht wurde.

Der Philosoph Francis Bacon mahnte im 18. Jahrhundert, dass »jeder weise Herrscher auf Gerüchte ebenso große Achtung und Sorgfalt verwenden« solle, »als er es auf die geplanten Handlungen selbst tut.« Denn auch in der Politik gilt ein archaischer Klatschmechanismus: Der Gruppenzusammenhalt wird gestärkt durch die gemeinsame Beobachtung der politischen Alphatiere, die ihrerseits angewiesen sind auf karrierefördernde Publizität. Die heutige Politikergeneration hat diese Lektion gelernt, im 21. Jahrhundert ist Politik zum Großteil PR ihrer selbst. In Deutschland führte das vor allem der »Medienkanzler« Gerhard Schröder vor, von dem das Zitat stammt, er brauche zum Regieren lediglich »Bild, BamS und Glotze«.

Schröder instrumentalisierte die Medien, um einen modernen Politikertypus darzustellen. Damit wurde auch hierzulande populär, was in Großbritannien und den USA längst gang und gäbe war: die Einladung an Journalisten, am Privatleben von Politikern, an Liebesgeschichten, Trennungen und Scheidungen teilzunehmen. Mit der rot-grünen Schröder-Regierung kam eine hedonistische Politikergeneration an die Macht, die sich mit modernem Lifestyle zu inszenieren verstand. Die Medien wurden gekonnt zur Imageförderung genutzt, man zeigte, was man liebt, offenbarte den Urlaubsort in der Toskana und präsentierte sich an den In-Plätzen Berlins. »Noch nie war Klatsch so hoffähig«, freute sich »Bunte«-Reporter Paul Sahner: »Seit Schröder Kanzler ist, geht es aufwärts mit der Unterhaltung.«

Auch hier kann sich die Kooperationsbereitschaft aber schnell ändern, wenn der mediale Klatsch nicht mehr ins

Konzept passt. Anfang 2002 klatschte ganz Deutschland darüber, ob die Haare des Bundeskanzlers gefärbt sind oder nicht. Schröders Advokat schickte zornige Briefe an die Chefredaktionen von »Bild« und »Gala« und stellte klar: »Die Haare/Schläfen des Bundeskanzlers sind nicht gefärbt und nicht getönt.« Noch haariger wurde es im Dezember 2002, als über eine Ehekrise im Hause Schröder spekuliert wurde und wenig später Gerüchte über eine Affäre mit einer deutschen TV-Moderatorin die Runde machten. Während deutsche Medien brav schwiegen, wollte sich die englische Yellow Press auch nach einer Intervention Schröders nicht den Mund verbieten lassen. »Sorry, bei uns haben Sie nichts zu sagen«, rief ihm die »Mail on Sunday« von der Titelseite zu. »Wir werden weiter behaupten, Gerhard Schröder habe ein Verhältnis.« Die Zeitung forderte ihre Leser sogar dazu auf, einer Hotline »Dinge mitzuteilen, die Herrn Schröder peinlich sind.«

Beim Regieren mit medial verbreiteten Gerüchten ist in Europa derzeit Frankreich führend. Als neuer König der Selbstinszenierung hat sich Nicolas Sarkozy quasi selbst inthronisiert, indem er direkt ins Stargewerbe einheiratete. Carla Bruni ist eine wandelnde PR-Maschine an Sarkozys Seite. Das Ex-Model, ebenso publicitysüchtig wie ihr Gatte, gesteht, dass sie es »liebt, wenn man mich anschaut« und plaudert gern private Details aus, bis hin zum Labradorwelpen, der zum Hundetrainer musste, »weil er Pipi in unser Bett machte«. Die schillernde Liaison war selbst dem »Spiegel« eine vierzehnseitige Titelgeschichte wert, und das einen Monat nach Bekanntwerden der Lovestory. Dem französischen Präsidenten könnte in Europa allenfalls Silvio Berlusconi das Klatschwasser reichen. Der italienische Ex-Bänkelsänger kann sich schon deshalb auf die Medien verlassen, weil sich etliche davon in seinem Besitz befinden.

Galten Journalisten unter Politikern einst noch als »Wegelagerer und Indiskretins« (Helmut Schmidt), werden sie heute als wichtige Verbündete geschätzt. Journalisten sind die Türöffner zu medialen Machtressourcen. Als Gegenleistung müssen Politiker Klatsch anbieten: Storys, Zitate, Bilder. Helmut Kohl war insofern der Letzte seiner Art, nämlich einer Politiker-Spezies, die sich in den Medien gegen die Medien profilieren wollte und konnte. Jahrzehntelang stellte der Kanzler klare Spielregeln auf, welche privaten Details über die Medien in den öffentlichen Raum dringen durften. Höhepunkt seiner Privatberichterstattung war der alljährliche Fototermin am Wolfgangsee, wo er sich zusammen mit Hannelore und ausgewählten Exemplaren der heimischen Fauna ablichten ließ.

Seitdem aber tummeln sich in Klatschmagazinen neben herkömmlichen Promis immer häufiger auch Protagonisten aus der Politszene. »Politiker bieten besten Unterhaltungsstoff«, meint »Bunte«-Chefin Riekel, »weil ihr Leben realer ist als das von Persönlichkeiten aus der Unterhaltungsbranche«.

Werben und verkaufen

Die Politik ist ein Zwilling der Werbung: Beide wollen etwas verkaufen und potenzielle Kunden gewinnen. Politiker müssen dabei in erster Linie sich selbst verkaufen. Bei diesem »Impression management« (Erving Goffman) gilt es, eine gute Figur vor der Kamera zu machen und »Human interest« zu kreieren durch die Personalisierung von Problemen. Mit anderen Worten: Es geht darum, nützlichen Klatsch zu produzieren.

Das Spannende am Polit-Klatsch ist, dass Politiker gerade durch Verhaltensweisen, die im »normalen« Leben als unsympathisch gelten würden, an Ansehen gewinnen können. Als Erben Machiavellis wissen wir, dass der Job des Politikers immer auch ein unlauteres Geschäft ist, das zur Lüge und Intrige zwingt. Daher schätzen wir den Unterhaltungswert taktischer Finessen und Gemeinheiten und bewundern besonders raffinierte Strategen, von Richelieu bis Bismarck, von Churchill bis Schröder. Gerade das Wissen um Tricks, Taktiken und Inszenierungen macht die Politik paradoxerweise authentisch: Je mehr uns Politiker vorführen, wie sie uns verführen, umso mehr bewundern wir ihre Betrugsversuche.

Wichtiger als das politische Programm sind also das Polit-Design und die konsequente Medieninszenierung. Gewählt wird nicht der bessere Kanzler, sondern derjenige, der die bessere Kanzlerperformance darbietet. Im Grunde ist die Demokratie eine permanente Castingshow, die vom Klatsch angetrieben wird. Das veranschaulichen auch Erfindungen wie der »Politikaward«, der unter anderem den »Politiker des Jahres«, den »Nachwuchspolitiker des Jahres« und »Kampagnen von politischen Institutionen« auszeichnet.

Eine entscheidende Rolle im politischen Klatschkarussell spielt die Demoskopie. Sie ist selbst purer Klatsch: Umfrageergebnisse helfen Wählern, sich an der Meinung der anderen zu orientieren. Und sie helfen Politikern, die Wünsche der Wähler zu bedienen. Das wusste bereits Harun Al-Raschid: Der Kalif genoss im 8. Jahrhundert das Image eines weisen Herrschers, weil er sich allabendlich als Kaufmann verkleidet unters Volk mischte, um das Gehörte später politisch umzusetzen.

Das heutige Polit-Klatschmanagement ist besonders gut beobachtbar im Wahlkampf. Bei den jüngsten Präsidentschaftswahlen in den USA avancierte Barack Obama, noch bevor der Wahlkampf richtig begonnen hatte, mit geschickten Inszenierungen und Angeboten an Journalisten zur internationalen Medienmarke. Seine Strategen sorgten von Anfang an für wirkungsvollere Bilder als die Konkurrenz aus dem Lager John McCains. Wackelige Handykamera-Aufnahmen von Obamas Afghanistanreise suggerierten, dass er sich notfalls mitten in die Gefahr begibt, die Vietnamveteran McCain zuvor als sein Hoheitsgebiet betrachtet hatte. Und als bei Obamas Berlin-Rede im Juli 2008 im Hintergrund das Brandenburger Tor grüßte, zapfte er erfolgreich den JFK-Mythos an.

Mythen können beim politischen »Celebrity Design« als vertrauensbildende Maßnahmen eingesetzt werden. Davon profitierte George W. Bush, dessen Gläubigkeit ihn beim amerikanischen Volk glaubwürdig machte. Oder Joschka Fischer, dessen Läuterung vom Revoluzzer zum Minister zugleich die Geschichte der Bundesrepublik symbolisierte. Auch das Duell Obama vs. McCain war der Kampf zweier Heldengestalten: der Underdog mit Erlöser-Aura gegen den Vietnamkämpfer mit Rambo-Charme. Zu Obamas Sieg dürfte auch beigetragen haben, dass er von populären TV-Mythen profitierte. Mit Serien wie »West Wing« oder »24«, wo bereits 2001 der erste afro-amerikanische Präsident regierte, wirkte die Fernsehunterhaltung so stark wie nie zuvor auf die Präsidentschaftswahlen ein. »Das Leben imitiert die Kunst«, wusste schon Oscar Wilde.

Der Mythos John F. Kennedy enststand nicht zuletzt, weil JFK ein Naturtalent in mediengerechtem Verhalten war. 1960 gewann er die Präsidentschaftswahlen vor allem deshalb, weil er in der legendären TV-Debatte gegen Richard Nixon ein deutlich besseres Bild abgab: Kennedy verhielt sich distanziert und überlegen, im Gegensatz zu seinem erregten und stoppelbärtigen Konkurrenten, der es sogar abgelehnt hatte, sich für das TV-Duell schminken zu lassen. Mit Kennedy begann in den USA das obsessive Interesse am Privatleben von Politikern, er war der erste TV-Präsident.

Der Polit-Talk im Fernsehen ist die Königsdisziplin für Politiker. Wer hier erfolgreich auftreten will, muss cool bleiben, kühne Thesen vertreten und auf anspruchsvolle Argumente und komplexe Kontexte verzichten. Ein legendäres Beispiel grundlegender Talkshowuntauglichkeit bot hingegen Edmund Stoiber: Als Kanzlerkandidat gelang es ihm nicht nur, zahlreiche Stotter-Arien zum Besten zu geben, sondern auch, Talkmasterin Sabine Christiansen als »Frau Merkel« anzusprechen. Neben einem solchen Fauxpas werden alle anderen Inhalte bedeutungslos.

Auf Wählerfang im Netz

Das Klatschmedium Internet erobert auch die Politik. Für 18- bis 29-jährige US-Amerikaner ist das Internet schon heute die erste Quelle für politische Informationen. Auch in anderen Gesellschaftsgruppen wächst der Online-Einfluss auf politische Meinungsbildung rapide. Im US-Wahlkampf 2008 erwiesen sich soziale Netzwerke als optimale Plattformen für Polit-PR, sowohl für die Kommunikation mit der jeweils eigenen Klientel als auch für die Kontaktaufnahme mit Bevölkerungsgruppen, die der Politik bislang ferngestanden hatten. Während Fernsehzuschauer passiv vor dem Bildschirm verharren, fördert das Netz Austausch und Interaktivität – und damit auch den Kontakt mit der Politik.

Experten sind sich sicher, dass Barack Obama ohne das Internet und ein smartes Web-Konzept nicht Präsident geworden wäre. Schon die dramatisch differierenden »Freundes«-Zahlen in den Facebook-Profilen von Barack Obama und Hillary Clinton machten klar, dass Obama der Champion der Netznutzer war. Obama bot auch als einziger Kandidat eine veritable Klatsch-Applikation auf seinem Profil an: User konnten auf ihrer eigenen Facebook-Seite sehen, wie viele ihrer Freunde Obama unterstützten. Und mit Mybarackobama.com rief das Obama-Team ein eigenes soziales Netzwerk ins Leben, um Anhängerscharen zu mobilisieren. Zigtausende von Supportgruppen organisierten sich hier als freiwillige Helfer in Rubriken wie »Make the Calls« oder »Block Walk«. Und sie trugen dazu bei, dass Obama die Rekordsumme von 640 Millionen Dollar Wahlkampfspenden kassierte. Ein Fall von organisierter Schwarmintelligenz.

Obama profitierte auch online davon, dass sein Konkurrent McCain offline Fehler machte. Nachdem der Republikaner in einem TV-Duell mit dem Finger auf Obama gezeigt und ihn herablassend »That one« genannt hatte, verwandelten Obamas Anhänger den Ausspruch im Internet zum Slogan. Keine 24 Stunden nach der Debatte konnten Sympathisanten unter Thatone08.com T-Shirts und Buttons kaufen, wahlweise mit einem Foto des zeigefingernden McCains oder eines lächelnden Obama. Darunter prangte jeweils das Zitat: »That one«.

Besonders beeindruckend ist die rasante YouTubisierung der Politik, vor allem, wenn man bedenkt, dass es YouTube beim US-Präsidentschaftswahlkampf 2004 noch gar nicht gab. 2008 hingegen wurde die Videoplattform zu einer prall gefüllten Fundgrube satirischer, abseitiger Klatsch-Clips. Im »Obama Girl«-Video, das millionenfach auf YouTube angesehen wurde, trällerte eine laszive Schönheit »I got a crush on Obama« (»Ich bin in Barack Obama verknallt«). Das Video wurde zum Symbol für die Jugendlichkeit und den Erfolg der Obama-Kampagne. Der »Yes We Can!«-Clip von Rapper Will.I.Am, der auf Obamas Lieblingsslogan basierte, avancierte sogar zum inoffiziellem Wahlkampfvideo. Innerhalb von nur einer Woche wurde das Video vier Millionen Mal angesehen – nicht zuletzt, weil auch Stars wie Nicole Scherzinger oder Scarlett Johansson auftraten. Auch ansonsten profitierte Obama vom Star-Glamour: Zu seinen Fans zählten unter anderem Will Smith, Tom Hanks oder Jennifer Lopez. »Ich bin so Hollywood, dass Paris Hilton neben mir wie eine Einsiedlerin aussieht«, freute sich Obama. Spätestens mit seinem Wahlsieg wurde er selbst zum Popstar, zum Beispiel in Form eines »Bravo«-Posters.

Am klatschträchtigsten sind Clips, mit denen die Konkurrenz gezielt lächerlich gemacht wird. Ein Video mit dem Titel »I feel pretty« zeigte den demokratischen Kandidatenanwärter John Edwards beim Zurechtzupfen seiner Frisur – und wurde viel öfter angeklickt als das populäre Video, auf dem Edwards seine Kandidatur ankündigte. Ein anderer Clip verriet Hillary Clintons beschränktes Gesangstalent bei der Nationalhymne. Das Video »Vote Different« präsentierte sie als martialisches Superweib, wurde innerhalb weniger Tage mehr als eine Million Mal angesehen und lief wenig später auf allen TV-Kanälen. Eine politische Anti-Werbung, angetrieben von der Klatschkraft der Userschwärme.

Als wahrer Glücksgriff für die komischen Seiten des Internet erwies sich die republikanische Kandidatin für das Amt des Vizepräsidenten, Sarah Palin. Ihre Erscheinung und ihre Ausrutscher wurden flächendeckend für satirische Clips genutzt. In ihrem vermeintlichen Facebook-Profil etwa hatte sich Palin der Gruppe »Never been out of North America« angeschlossen, unter »Politische Ansichten« stand: »Ich bin nicht besonders politisch.« Auf YouTube zeigten Palin-Parodisten sie als schwer bewaffnetes Pinup-Girl. Die spezielle Palin-Sprache, eine Mixtur aus Bandwurmsätzen und abrupt endenden Gedankengängen, nutzte die Website Interviewpalin.com dazu, nach Zufallsprinzip fiktive Palin-Antworten auf Interviewfragen zu generieren. Und auf Remixsarahpalin.com konnten die User die Aussagen der Kandidatin so zusammenmischen, dass sie tatsächlich einen Sinn ergeben.

Während YouTube auf dem bestem Weg ist, das Fernsehen als wichtigste Wahlkampfarena abzulösen, hat Obama auch das Regieren selbst ins Netz verlagert. Er macht Regierungsausgaben und Gesetzesentwürfe online zugänglich und kommentierbar, schreibt selbst ein Blog, diskutiert in Chats und sendet Videobotschaften, in denen er seine Anhänger bittet, »ihre Freunde und Nachbarn zu überzeugen«. Alle, die sich auf Obamas Wahlkampf-Netzwerk Mybarackobama.com registriert hatten oder mit ihm auf Facebook befreundet sind, können nun direkt kontaktiert werden. Schätzungen zufolge hat Obama im Wahlkampf zehn Millionen Mail-Adressen, fünf Millionen Mobiltelefonnummern und vier Millionen Spendernamen gesammelt. Der erste Online-Präsident kann mit der Macht seines Netzschwarms regieren.

Terror-Entertainment und Online-Polizei

So wie die Staatsmänner und -frauen sich nach den Klatschregeln der Unterhaltungsindustrie richten müssen, spielen auch die Gegner politischer Systeme Entertainment-Trümpfe aus. Der Philosoph Peter Sloterdijk sieht im Terrorismus sogar eine »böse Unterhaltungsindustrie«: Terroristen erzeugen eine Spannung, die jeweils nur nach ihren eigenen Regeln auflösbar ist. Deutlich beobachtbar wird das im Fall von Geiselnahmen.

Für die terroristische Form der »Unterhaltung« war der 11. September 2001 ein Wendepunkt. 9/11 leitete eine neue Dimension des Terrors ein, eine neue Phase der Bedeutung von Bildern, die von einer neuartigen, sorgfältig gestalteten Ästhetik des Schreckens kündeten. Seitdem nutzen Terroristen die Klatschmaschine Internet als Katalysator. So fand ein Enthauptungsvideo unkontrollierte Verbreitung über das Netz, ebenso wie Dutzende von YouTube-Clips, in denen US-Soldaten von irakischen Guerillas getötet werden. Diese Videos werden bewusst in Kategorien wie »Entertainment« oder »Comedy« gespeichert, um eine klatschhafte Verbreitung zu fördern. Damit unterläuft die Propaganda der Dschihadisten die westliche Medienkontrolle und infiltriert den Mainstream der Popkultur.

Die Geheimdienste versuchen ihrerseits, den bösen Entertainern die Show zu stehlen, indem sie virtuell zurückschlagen. Nachdem eine 9/11-Kommission festgestellt hatte, dass die Anschläge vor allem deshalb nicht verhindert wurden, weil die Geheimdienste ihre Erkenntnisse nicht gut genug vernetzen konnten, regiert auch hier das Zauberwort »Schwarmintelligenz«. Jetzt soll das »intellektuelle Kapital« effektiver organisiert werden, mit Blogs, Wikis und einem eigenen sozialen Netzwerk für die Mitarbeiter von CIA, FBI und NSA: eine Art MySpace für Spione, an dem die Chefs der großen Communitys höchstpersönlich mitwirken sollen. Im Grunde werden also genau jene klatschaffinen Kommunikationsstrukturen rekonstruiert, die bei Teenagern schon lange populär sind.

Zugleich will das Pentagon »positive Geschichten« klatschgerecht von Blog zu Blog verbreiten und mit einer virtuellen Gerüchtepolizei jene Blogger »freundlich« kontaktieren, die »falsche, ungenaue oder unvollständige Informationen« veröffentlichen. Ein 450 Millionen Dollar schweres Forschungsprojekt soll dabei helfen, die Inhalte von Blogs automatisch zu erfassen und auszuwerten. Oft verraten sich die Täter allerdings selbst, indem sie sich im Internet ihrer Aktionen rühmen. Nach den Unruhen in Pariser Banlieus im Oktober und November 2005 gingen der französischen Cyberpolizei auf diese Weise diverse Randalierer in Netz.

Noch effektiver ist das direkte Anzapfen des kollektiven Community-Klatsches. Polizei und Kriminalbehörden fragen regelmäßig bei sozialen Netzwerken an, wenn es um die Mithilfe bei der Aufklärung von Kriminalfällen geht. In Kanada gelang der Polizei etwa ein YouTube-Fahndungserfolg, nachdem ein 22-Jähriger vor einem HipHop-Club ermordet worden war. Der Polizei lag lediglich das 72-sekündige Video einer Überwachungskamera vor, die das Opfer beim Verlassen des Konzerts zeigte. Diesen Clip stellte die Polizei auf YouTube ein, wo er in kürzester Zeit Zigtausende von Aufrufen hatte. Der Täter stellte sich aus Angst vor dem Erkanntwerden.

Die Polizei von Manchester hat sogar einen eigenen YouTube-Channel aufgemacht und eine Facebook-Applikation entwickelt, mit der sich geneigte User alle relevanten Polizei-Infos und -Aufrufe direkt zuschicken lassen können. Darüber können sie dann wiederum sofort mit ihren Freunden kommunizieren. Und über einen speziellen Link können anonym Hinweise abgegeben werden – wie beim Privatklatsch hinter vorgehaltener Hand.

Aus Gerüchten werden Gewinne

Klatsch am Arbeitsplatz: Gut für die Karriere!

Führen Klatsch und Tratsch zu Unproduktivität? Geht wertvolle Arbeitszeit verloren, wenn die Angestellten miteinander quatschen anstatt zu arbeiten? Im Gegenteil: Klatsch ist ein wichtiger Produktivitätsfaktor. Er schweißt die Mitarbeiter zusammen, schafft echte Wir-Gefühle und stärkt den Teamgeist. Studien haben ergeben, dass Klatsch sogar gesundheitsförderlich ist und die Zahl der Krankheitstage reduziert. Kaffee-, Rauch- und Konferenzpausen sind also ebenso wichtig wie die eigentliche Arbeitszeit.

Klatsch sichert den internen Informationsflow. Was Arbeitnehmer über ihren Job wissen, erfahren sie zu 70 Prozent nicht über offizielle Kanäle, sondern durch den Schwatz mit Kollegen. Und wer dabei mit wem klatscht (oder mit wem nicht), zeigt deutlicher als jedes Organigramm, wie die Machtstrukturen innerhalb eines Unternehmens tatsächlich verlaufen. Besonders wichtig ist dabei seit jeher der »Buschfunk« der Sekretärinnen. »Sekretär« leitet sich etymologisch von »Geheimnisbewahrer« her und verweist damit auf eine unersetzliche Quelle für Geheiminformationen, insbesondere über die Vertreter der Chefetagen, die firmeninterne Star-Liga.

Doch auch die Chefs sind passionierte Klatschmäuler. An der Spitze ist es einsam, und mit Klatsch kann man Verbündete finden und Feinde abwehren. Chef-Klatsch ist daher immer auch ein Mittel der Machtlegitimation, und besonders gern gehört werden die Fehler und Missgeschicke hochrangiger Kollegen und Konkurrenten. Auch der Aufstieg in die Chefetage wird durch Klatsch beschleunigt. Eine Studie unter Führungskräften ergab, dass Beförderungen nur zu 10 Prozent leistungsabhängig sind. Zu 60 Prozent entscheidet dagegen der Bekanntheitsgrad bei Vorgesetzten, zu 30 Prozent das Image, das man in der Firma hat. Karriereerfolg und Anerkennung im Beruf haben also zu 90 Prozent nicht mit fachlicher Kompetenz zu tun, sondern mit Klatsch.

Für Arbeitgeber ist Klatsch zugleich ein unverzichtbarer Faktor der Mitarbeiterbindung. Wer seinen Angestellten das Tratschen verbietet, wird sie nicht lange halten können – allenfalls unglücklich und unmotiviert. Außerdem sorgen Klatschrestriktionen erst recht für ein erhöhtes Klatschaufkommen: Dann wird umso mehr nach einem Ventil gesucht, um Dampf abzulassen und das Versagen der Vorgesetzten zu kritisieren. Deshalb floriert der Flurfunk besonders stark in Krisenzeiten, wenn die allgemeine Unsicherheit negative Gerüchte schürt.

Dieser kompensatorische Klatsch findet heute zunehmend im Internet statt. 2008 feuerte der Besitzer eines renommierten Wellnesshotels neun seiner Lehrlinge und Angestellten, weil sie in dem sozialen Netzwerk StudiVZ die Gruppe »Der Storch muss hängen« gegründet hatten – eine Anspielung auf das Hotel-Logo, einen Storch. In der virtuellen Gruppe wurde nicht nur gelästert, zum Beispiel über die Gehbehinderung des Chefs, sondern auch über das »Abfackeln« des Hotels diskutiert.

Das Internet eignet sich aber auch für arbeitsbegleitende Klatschmaßnahmen in Form von E-Mails oder Messenger-Nachrichten. In Großraumbüros werden durch das Kichern beim Erhalt einer Botschaft sogar sichtbare Klatschsignale gesendet. Hier könnte schon eher eine Gefahr für die Produktivität bestehen: Wer neben der Arbeit ständig Nachrichten liest und schreibt, arbeitet so, als hätte er einen um bis zu zehn Punkte geringeren IQ. Zum Vergleich: Das Rauchen eines Joints verringert das geistige Potenzial um maximal vier IQ-Punkte.

Eine bösartige Mutation des Arbeits-Klatsches ist das Mobbing. Diese psychoterroristische Kollegenunterdrückung ist eine Art Klatsch mit brutaleren Mitteln. Interessant ist dabei das unterschiedliche Mobbing-Verhalten von Frauen und Männern. Anders als beim Klatsch spielen Männer hier die softere, passivere Rolle. Sie beschränken sich eher auf die Sachebene, indem sie zum Beispiel Gespräche vermeiden, Arbeitsaufgaben verändern und religiöse oder politische Einstellungen attackieren. Frauen dagegen mobben persönlich und direkt: Mit bösen Gerüchten, Verleumdungen und Anspielungen wird das Ansehen einer Person gezielt verletzt. Um diesem Schicksal zu entgehen, empfiehlt sich eine bewährte Mobbing-Prävention: Klatschen. Denn wer nicht klatscht, wird am ehesten zum Klatschthema – und damit auch zum Mobbing-Opfer.

Klatsch kann von Unternehmen auch strategisch eingesetzt werden, um den internen Zusammenhalt zu stärken. Die Erkenntnis, dass Wissen an sich nicht mittels IT gespeichert oder übertragen werden kann, sondern nur in Gehirnen und durch menschliche Kommunikation, ruft erneut das Storytelling auf den Plan: Indem es die Betroffenen zu Beteiligten macht, ist das Storytelling die optimale Form, um Botschaften zu übermitteln, Missstände aufzudecken oder Änderungsprozesse durchzusetzen. Die Spielart des »Corporate Storytelling« stärkt sogar die gesamte Firmenidentität, indem sie einen kollektiven Glauben kreiert, der Zweifel oder Kritik vorbeugt. So zelebriert die Werbeagentur »Scholz & Friends« eine Putzfrau namens Lore als Firmenikone, inklusive der Betriebsbibel »Lore's Law«. Und Traditionsunternehmen wie Henkel besinnen sich auf den Gründungsvater als Ahnherrn.

Vor allem profitieren Unternehmen aber vom Klatsch in Form von Gerüchte- und Insiderwissen. So sollen die Rothschilds den Grundstock ihres Vermögen der Tatsache verdanken, dass sie als erste von der Niederlage Napoleons in Waterloo erfuhren und dadurch die rapide ansteigenden Wertapierkurse ausnutzen konnten. Überhaupt ist die Börse ein Symbol für die Klatschhaftigkeit des Kapitalismus: Sie ist ein Ort des permanenten Informationsmangels und bietet damit einen riesigen Umschlagplatz für Gerüchte, die auf den An- und Verkauf von Aktien zielen. Nicht umsonst heißt eine Rubrik des »Wall Street Journals« noch heute »Heard on the Street«.

Werbung: Wie Geschwätz zu Geld wird

Ein Unternehmen floriert, wenn sich seine Produkte gut verkaufen. Und die Produkte verkaufen sich gut, wenn sie ein attraktives Image transportieren. Um dieses »Impression management« kümmert sich die Werbeindustrie. Werbung ist im Grunde offene Manipulation: Sie verdeckt ihr Motiv nicht – aber sie versucht, die Motive derjenigen zu verdecken, die das Produkt kaufen sollen. So erkennt der Umworbene zwar, dass es sich um Werbung handelt, aber nicht, wie er dabei beeinflusst wird. Die offenkundige Mitteilung suggeriert eine Entscheidungsfreiheit, die wiederum einschließt, dass man von selbst etwas will, was man eigentlich gar nicht wollte. Jean Baudrillard nannte das die »Logik des Weihnachtsmanns«: Wir glauben nicht an ihn, genießen aber das Gefühl, dass sich jemand um unseren Wunschzettel kümmert.

Mehr noch als in anderen Wirtschaftsbereichen geht es in der Werbung um gutes Storytelling. Marken-Storys bauen Reputation auf, indem sie Identitäten und Werte vermitteln. So stehen Harley Davidson oder Marlboro für die Sehnsucht nach Freiheit, Nike für den unbedingten Willen zu gewinnen, Lego für das Lernen durch kreatives Spielen.

Marken werden mit Geschichten assoziiert, die die Wünsche und Sehnsüchte der Kunden ansprechen. Das Schema ist das gleiche wie bei Stars und Promis: Die Werbung produziert die Prominenz von Produkten und macht Marken zu Stars. Daher können Marken auch, genauso wie Stars, Klatschkarriere machen. Sie werden allen ein Begriff und erstrahlen im Glanz des Ruhmes. Mit der Marke gesehen zu werden ist dann so, als wäre man mit einem Star befreundet.

Promis und Werbung ergänzen einander, weil sie auf dem gemeinsamen Klatsch-Nenner operieren. Beide bieten Projektionsflächen für kollektive Mentalitäten. Und beide funktionieren dabei nach dem Klatsch-Prinzip der Anpassung: Es geht um Sinnstiftung und Zugehörigkeitsgefühle. Der mimetische Wunsch, den die Werbung erzeugt, erfüllt dabei noch eine spezielle Sozialisationsfunktion. Er versorgt jene Menschen mit den Grundgesetzen des guten Geschmacks, die ihn von sich aus nicht mehr haben. Das ist heute der eigentliche ökonomische Sex-Appeal: Der Konsum dient nicht mehr hauptsächlich der Bedürfnisbefriedigung, sondern dem Anerkanntwerden. Die eigene Nachfrage hängt ab von der Nachfrage der anderen.

Von Mund zu Mund: Virales Marketing

Seit Ende der 40er-Jahre des 20. Jahrhunderts begeistern Zigtausende von Hausfrauen ihre Freundinnen, Nachbarinnen, Kollegen und Bekannten im heimischen Wohnzimmer für Plastikbehältnisse. Lange florierte die Firma Tupperware ausschließlich durch diesen direkten Konsumenten-Klatsch, allein 2006 wurden weltweit rund zwölf Millionen »Tupperware-Partys« gefeiert. 2008 buchte Tupperware Brooke Shields als prominente Galionsfigur, um eine firmeneigene Social-Networking-Seite für Frauen zu promoten – das virtuelle Pendant zur Mund-zu-Mund-Propaganda. Mit der VIP-Werbekampagne wollte Tupperware sich ein jugendlicheres Image verschaffen. Doch auch unter den 20- bis 30-Jährigen richten sich weniger als ein Fünftel nach klassischer Werbung – während mehr als zwei Drittel auf Kaufempfehlungen von Freunden und Bekannten hören.

Diese Klatscheffekte versucht die Werbung unter Stichworten wie »virales Marketing«, »Word-of-Mouth-Marketing«, »Guerilla-Marketing« oder »Kult-Marketing« zu inszenieren. Die Anfänge dieser Werbeform lagen in einem subtilen »Branding« von Szene-Events wie Raves, Snowboard- und Skateboard-Veranstaltungen. Die Idee: Die Sponsoren werden selbst zum Event, und die Konsumenten produzieren die Kampagne aus eigenem Antrieb und freiem Willen, weil sie die von der Firma ausgeworfenen Klatsch-Köder, die nur latent mit dem Auftraggeber assoziiert sind, begierig aufgreifen und weitergeben.

Bei viralem Marketing geht es weniger um Waren, die beworben werden, als um Geschichten, die zum Weitererzählen anregen und nur unterschwellig an die eigentlichen Produkte erinnern. Die Werbe-Guerillas setzen auf Wow- und Aha-Effekte. Die Werbung darf nicht nach Werbung aussehen, sondern muss in Form eines witzigen, rebellischen, überraschenden Events daherkommen. Je ungewöhnlicher und spektakulärer die Story, desto stärker die anschließende Klatschpropaganda.

Dieser Trend ist auch eine Folge der zunehmenden Individualisierung. Marketing kann immer weniger auf fest fixierte Zielgruppen setzen, sondern muss verschiedene Szenen beobachten und bedienen. Daher leistet die Werbung auch aktive Beihilfe zur Konstruktion von Geschichten, mit denen sich Individuen identifizieren können. Betrachtet man Szenen als gelebte Fiktionen, werden sie von der Werbung weitererzählt und mit Sinn unterfüttert. So vermittelt virale Werbung direkt zwischen Konsum und Kultur und regt zum Klatschen an, indem sie die Aura des Coolen, Spektakulären, Abseitigen verbreitet. Oder auch den Reiz des Geheimnisvollen, über das man zwangsläufig spekuliert.

Wie ein Klatschvirus dann unter seinen Wirten Karriere macht, hat Malcolm Gladwell in seinem Buch »Tipping Point« beschrieben: Neue Ideen verbreiten sich wie Epidemien mit einer »Diffusionswirkung«. Am Anfang stehen die »Innovatoren«, die die »Early Adaptors« infizieren. Gelingt es diesen dann, die »skeptische Masse« zu vereinnahmen, ist der Tipping Point erreicht, und es folgen auch die »Nachzügler«. Die Konzerne lassen sich die Wegbereitung solcher Epidemiezyklen einiges kosten. Procter & Gamble, der weltweit größte Werbetreibende, investierte 2004 nur noch ein Drittel der Marketingmittel in Fernsehwerbung (1999 waren es noch zwei Drittel), der Rest floss ins Mikromarketing, in zielgruppengenaue Aktionen, in die Abwehr kritischer Konsumenten-Attacken – und in die Beauftragung von »Prosumers«, einer Spezies markenaffiner, aber dennoch kritischer Konsumenten, die quasi immun ist gegen klassische Werbung und damit optimal geeignet, um Markenbotschaften in die breite Bevölkerung zu tragen.

Das virale Werbe-Web

Im World Wide Web können Gerüchte neue Marktzugänge eröffnen und damit in rasender Geschwindigkeit die ganze Welt erobern. Eindrucksvoll zeigt das die Erfolgsgeschichte des Films »Blair Witch Project«. Man ließ den schauerlichen Filmplot im Netz kursieren, wo sich der

»Blair Witch«-Klatsch blitzschnell fortpflanzte. Als der Film 1999 anlief, gab es bereits 20 Fanseiten im Internet. Die 60000 Dollar billige Fake-Dokumentation spielte 250 Millionen Dollar in die Kinokassen. Ohne jegliche klassische Werbung wurde »Blair Witch Project« zu einer globalen Marke – eine der erfolgreichsten Markenkampagnen der vergangenen Jahrzehnte.

Das Beispiel veranschaulicht, wie sich die ökonomischen Märkte im Zeichen des Internet gewandelt haben. Märkte sind heute keine Orte mehr, sondern Klatsch-Netzwerke. Und das Internet, das Netzwerk der Netzwerke, ist ein virtueller Marktplatz von Communitys, auf dem alle füreinander Publikum sind und jeder seine Stimme erheben kann. Wenn es einem Unternehmen hier gelingt, das nötige Klatschvolumen zu erzeugen, ist der Erfolg garantiert. Dabei spielt erneut die Blogosphäre eine wichtige Rolle. Wenn in einem Blog, das man gut findet, etwas empfohlen wird, hört oder liest man das Verlinkte und gibt es weiter. Viele Unternehmen beobachten Blogs daher systematisch und versuchen mit speziellen Techniken wie »Blog-Monitoring«, »Blog-Spying« oder »Text-Mining« Trends und Bedürfnisse herauszufiltern, um ihre Werbeaktionen zielgruppenspezifisch zu optimieren.

Oder sie rekrutieren »Pro-Blogger«, die gegen ein Salär oder Gratis-Ware über Programme, Hardware oder Spiele schreiben und dennoch ein hohes Maß an Glaubwürdigkeit genießen, solange sie keine reinen Jubel-Blogger sind. So beschäftigte Microsoft mit Robert Scoble einen hauseigenen VIP-Blogger, inklusive potenziell kritischer Einträge. Authentizität, Transparenz und Ehrlichkeit sind die Killerfeatures in der virtuellen Klatschwelt. Je weniger ein Unternehmen seine Marketing-Message kontrolliert, umso glaubwürdiger erscheint es. Und je intensiver die Kunden involviert sind, desto eher können Marken von der Marktentwicklung profitieren, indem sie dem World Wide Gossip freien Lauf lassen.

Gerade die gesteigerte Bedeutung der Blogosphäre macht auch die firmeninterne Kommunikation riskant. Für bösen Internetklatsch sorgte etwa eine Botschaft des Werbetexters Jean-Remy von Matt an seine Mitarbeiter, die an die Öffentlichkeit gelangte. Nachdem Blogger die von seiner Firma produzierte »Du bist Deutschland«-Kampagne kritisiert hatten, versuchte von Matt seine Mitarbeiter aufzubauen, indem er Blogs als »Klowände des Internet« bezeichnete – ein gefundenes Fressen für Empörungs-Klatsch im Netz. Im Zeitalter des virtuellen Klatsches wird der Kunde also tatsächlich ein Stück weit König. Der leichtere Zugang zu Informationen über das Internet macht die Konsumenten mächtiger und setzt neue Marketing-Maßstäbe, die auf Mundpropaganda statt auf Massen-Marketing setzen.

Die kollektiven Klatschprozesse im Netz lassen sich durchaus als ein Phänomen der Schwarmintelligenz betrachten und entsprechend instrumentalisieren. So lernt der Online-Radiosender Last.fm mit jedem abgespielten Song den Musikgeschmack seiner Hörer besser kennen und mischt ihnen im Gegenzug Songs ins Programm, die sie noch nicht kennen, aber höchstwahrscheinlich mögen. Dieses Prinzip des »Kollaborativen Filters« kennt man auch von den Amazon-Kaufempfehlungen: Das System nutzt das Wissen, das es selber generiert. Amazon stellt den Usern sogar Server zum Verkauf eigener Bücher zur Verfügung. Ähnlich funktioniert das Internet-Auktionshaus eBay: »Es sind unsere Kunden, die eBay groß gemacht haben«, weiß eBay-Chefin Meg Whitman. Und fügt hinzu: »Diesen Laden könnte auch ein Affe betreiben.«

Die neue WWWirtschaftswelt

Im Zeitalter der Online-Gemeinschaften wandelt sich das klassische Marketing immer mehr zur Klatschproduktion im Netz. Die Werber von heute müssen es schaffen, ihre Botschaften in attraktive Clips oder witzige Geschichten zu verpacken, die in Blogs oder auf YouTube freiwillig angesehen und weitergeleitet werden. So finden Produkte ihre Nischen von selbst, und eine neue Idee kann innerhalb einiger Monate produziert und als weltweiter Klatsch vermarktet werden. Ein Beispiel für eine solche Erfolgsgeschichte war die Lancierung des US-Bestsellers »How would a Patriot act?« von Glenn Greenwald, seines Zeichens selbst ein prominenter Blogger. Die Manuskripte wurden zunächst digital an ausgewählte Blogger verschickt, woraufhin sich ein Lauffeuer von Erwähnungen und Links in der Blogosphäre entzündete. Anschließend eroberte das Buch innerhalb von nur drei Monaten die Bestsellerlisten.

Noch mehr Potenzial für Werbende haben soziale Netzwerke. Nirgendwo sonst hinterlassen User eine so breite Datenspur und geben damit freiwillig mehr über sich preis als Marktforscher je erfassen könnten. Das Netzwerk StudiVZ versuchte 2007 sein Freundesnetz auch ganz offiziell zum Werbenetz zu machen: Mehr als 90 Prozent der Nutzer akzeptierten per Klick die neuen Geschäftsbedingungen, wonach die persönlichen Userdaten für zielgenaue Werbung, zugeschnitten auf die in den Profilen angegebenen Vorlieben, auswertbar wurden.

Etwas subtiler ging, ebenfalls 2007, das StudiVZ-Vorbild Facebook vor, indem es seine Software für externe Anbieter öffnete, die Anwendungen für Menüs und Profilelemente entwickeln können. Installiert ein User zum Beispiel eine Musikempfehlungs-Software, wird das auch allen seinen Facebook-»Freunden« mitgeteilt, die per Klick selbst die Anwendung installieren, worüber wiederum die jeweiligen Freunde informiert werden. Ein Schneeballeffekt, bei dem sich das Produkt dynamisch selbst bewirbt, inklusive der unbezahlbaren Glaubwürdigkeit persönlicher Kontakte. Werden die User dann auch noch an diesem Verbreitungseffekt finanziell beteiligt, ist die globale Tupperparty perfekt. Was viele der Facebook-Nutzer vielleicht gar nicht wissen: Bei der Installation eines solchen Programms gewähren sie vollen Zugriff auf Ihre Daten, die dann wieder für zielgerichtete Werbung ausgewertet werden können.

Eine Weiterführung dieses Prinzips – und damit vielleicht eine wirkliche Revolutionierung des Einkaufens – verspricht die Idee des »Social Commerce«. Dahinter steht die Idee, dass Online-Unternehmen sich zu neuartigen Marktplätzen vernetzen, auf denen die User nach den besten Preisen suchen, sich gegenseitig beraten und den Verkauf ihrer Lieblingsprodukte ankurbeln, also quasi Marketing und PR selbst in die Hand nehmen. Die Grundbausteine, auf denen das neue Shoppingsystem errichtet werden soll, sind dem Klatsch entliehen: Es geht um Vertrauen, Anerkennung und Gemeinschaftsgefühle.

Auch für die Unternehmenskommunikation rückt der Klatsch mit den Kunden ins Zentrum des Geschehens. Nie war es einfacher, die Anforderungen, Wünsche und Probleme von Zielgruppen zu erfahren, und nie zuvor waren Unternehmen transparenter. Zahlreiche Beispiele belegen, wie dieser virtuelle Dialog mit den Kunden gelingen kann. Die britische Bekleidungskette Primark kann auf eine riesige Facebook-Gruppe zählen, von der sie auch Vorschläge erhält, die für das Unternehmen hilfreich sind, von Konfektionsgrößen bis zum Vertriebsnetz. Der Computerhersteller Dell rief einen »Idea Storm« aus und ließ die Vorschläge von Kunden bewerten. Die Apple-iPod-Community diskutiert in der »iPod-Lounge« über gewünschte Neuerungen, teilweise gleich mit Bauanleitung. BMW bot bereits 2003 ein Bastelprogramm-Download an, um die Onlinedienste im Wagen zu verbessern.

Der große Vorteil dieser Nutzer-Innovationen ist die Schwarmintelligenz des Kundenkollektivs. Die Masse kann schneller und kreativer sein als der Einzelne. Und weil Effizienz nur steigerbar ist durch Wettbewerb von Informationsquellen, entwickelt sich die Unternehmenskommunikation zu einem dauerhaften Dialog mit dem Kunden. Das zeigt auch, dass die bedeutsamste Wohlstandsquelle nicht mehr auf Gütern basiert, sondern auf Wissen. Und dass es immer wichtiger wird zu wissen, wo das Wissen ist.

Klatsch, Wissen und Wahrheit

> Klatsch ist eine Kunstform, die das Problem der Verifikation und der Falsifikation umgeht und die vorgibt, näher bei der Wahrheit zu sein als ein faktischer Abgleich.
>
> (*Giorgio Agamben*)

Vom Herrschaftswissen zum globalen Gedächtnis

Die vielen Augen auf dem Federgewand der Klatschgöttin Fama veranschaulichen nicht nur, dass Klatsch ein Instrument der sozialen Kontrolle ist. Sie weisen auch darauf hin, dass Klatsch von der Neugier lebt und damit eine treibende Kraft der Innovation bildet. So gesehen hat die Neugier zwei Seiten: eine ästhetisch-moralische, den Klatsch, und eine forschende, die Wissenschaft. Klatschmäuler und Wissenschaftler sind gleichermaßen getrieben von analytischen Impulsen. So wie die einen die intimsten Details im Liebesleben von Stars und Politikern observieren, erkunden die anderen unsere intimsten Neuronen, genetischen Codes, Atome, Zellen, Chromosomen und Synapsen.

Auch die Verbreitung des Wissens erfolgt klatschhaft – wenngleich sich die Art und Weise dieser Verbreitung im Laufe der Geschichte radikal verändert hat. So war das praktische, mythische und rituelle Wissen vorschriftlicher Gesellschaften noch fest verankert in einer lebendigen Gemeinschaft. Wenn ein alter Mensch starb, brannte sozusagen zugleich eine ganze Bibliothek ab. Mit Erfindung des Buchdrucks erhielten dann Bücher den Status eines allumfassenden, transzendenten und unendlich deutbaren Wissens. Oberste Klatschmeister waren nun die Interpreten. Sie wurden zu Herren des Wissens, sei es über die Bibel oder den Koran, über Konfuzius oder Aristoteles.

In der darauf folgenden Ära des Bibliothekswissens und der Enzyklopädien kam das Wissen nicht mehr aus einzelnen Büchern, sondern aus ganzen Bibliotheken, aus einem Netz von Verweisen. Bis zum Ende des 18. Jahrhunderts, als die große Enzyklopädie von Diderot und d'Alembert erschien, war das Wissen damit immer noch beherrschbar und überschaubar. Eine kleine Gruppe konnte die Gesamtheit des Wissens kontrollieren – oder zumindest ihre wichtigsten Elemente. Einen Schritt in Richtung Wissensdemokratisierung brachte die Klatschkultur der Kaffeehäuser, mit der öffentliche Orte für gelehrte Diskurse entstanden. Daher wurden die Kaffeehäuser auch »penny universities« genannt. Für einen Penny pro Schale Kaffee hatte jeder Zugang zu einer Welt, in der sich universitäres Wissen mit den praktischen Erfahrungen der Händler, Geschäftsleute, Künstler und Journalisten mischte.

Seit dem 19. Jahrhundert aber, im Zuge der immer schneller wachsenden wissenschaftlichen und technischen Kenntnisse, wurde das Wissen immer weniger beherrschbar. Heute sind frühere, hierarchische Wissensmetaphern, etwa die Wissenspyramide oder die Leiter der Erkenntnis, obsolet geworden. Die neuen Metaphern sind die der Navigation und des Surfens. In der digitalen Wissenswelt des 21. Jahrhunderts gilt es, sich den Strudeln und Strömungen auf einer grenzenlosen, sich stetig verändernden Fläche anzupassen. Zugleich bildet das Internet ein globales Gedächtnis, eine überall zugängliche Bibliothek menschlichen Wissens, an der jeder partizipieren kann. Das eröffnet auch der Wissenschaft selbst neue Chancen und Herausforderungen. Und es verleiht ihr, wie wir sehen werden, das Prädikat »besonders klatschhaft«.

Austausch, Transparenz – und viel Klatsch

Der Siegeszug des Internet hat auch die Wissenschaft erobert. 2008 nutzten bereits 40 Prozent der Wissenschaftler das Internet als wichtigstes Medium. Die Online-Vorteile können schon in ganz praktischen Erkenntnisgewinnen liegen. So fanden Zoologen etwa anhand der Landkartenbilder von »Google Earth« heraus, dass sich Kühe am liebsten in Nord-Süd-Richtung aufstellen. Mit »Google Flu Trends« lassen sich sogar Epidemien frühzeitig erkennen: Werden vermehrt Begriffe wie »Husten«, »Fieber« oder »Grippe« gesucht, sind das deutliche Indikatoren für regionale Epidemien. Vor allem aber bietet das Internet beste Bedingungen für die wissenschaftliche Zusammenarbeit: vom Aufbau gemeinsamer Datenbanken und dem Austausch digitaler Quellen über das gemeinsame, grenzenlose Arbeiten an wissenschaftlichen Beiträgen bis zum institutsübergreifenden Meinungsaustausch.

Insbesondere jüngeren Wissenschaftlern, die netzwerk- und austauschaffiner sind, eröffnet das Netz die Chance, auch außerhalb traditioneller Organisationsformen und Seilschaften eigene Netzwerke zu bilden. Das macht die Wissenschaft insgesamt transparenter und demokratischer: Zunehmend wird jenseits disziplinärer Grenzen und in zeitlich befristeten Netzwerken geforscht. Und auch gelehrt: Das »E-Learning«, die multimediale Ausbildung mit Hilfe von Blogs, Wikis und Podcasts, wird immer populärer. Vorlesungen auf MP3-Playern, Seminare in virtuellen Welten, Lern-Blogs oder »E-Examinations« am heimischen Laptop könnten demnächst schon gang und gäbe sein.

In der Wissenschaft hat sich ein neuer Umgang mit Wissen etabliert. Die Bedeutung von Kontexten und Perspektiven, zum Beispiel in Form von Online-Kommentaren, die verschiedene Haltungen dokumentieren, steigt kontinuierlich an. Lineare, hierarchische Diskurse werden abgelöst von zyklischen, gleichberechtigten Dialogen. Google will austauschfreudigen Forschern kostenlos Server zur Verfügung stellen, um die Daten für alle User einsehbar und kommentierbar zu machen, sodass sich auch Freizeit-Forscher am professionellen Wissenschafts-Klatsch beteiligen könnten. Im Cyberspace werden die Quellen des Wissens für alle Interessenten zugänglich gemacht. Die Wissenschaft kehrt zurück zu ihrer ursprünglichen Oralität: Direkte, interaktive Kommunikationsformen lösen die traditionellen Regulierungssysteme und Institutionen ab.

Ein Paradebeispiel für die Vorzüge einer virtuellen Wissenschafts-Klatschgemeinschaft ist Wikipedia. Doch die Online-Enzyklopädie offenbart auch, wie die allgemeine Zugänglichkeit zur Verbreitung von Unwahrheiten beitragen kann. So gab sich der 24-jährige Ryan Jordan aus dem US-Staat Kentucky auf Wikipedia lange Zeit als Professor für Kirchenrecht an einer Privat-Uni aus, obwohl er nicht einmal einen Uni-Abschluss hat. Unter einem Pseudonym verfasste er mehr als 20000 Wikipedia-Beiträge, wobei er Bücher wie »Katholizismus für Anfänger« benutzte, um komplizierte Texte über dogmatische Fragestellungen zu bearbeiten. Jordan avancierte auf Wikipedia bis zum »Senior Editor«, ein Rang, der es ihm auch erlaubte, andere Lexikon-Einträge zu kontrollieren.

Das Beispiel belegt, dass auch im Bereich des Wissens hart um Aufmerksamkeit gekämpft wird – mit Hilfe des Klatsches. So wie Politiker, Manager oder Promis sind auch Wissenschaftler auf Aufmerksamkeit angewiesen. Denn wissenschaftlichen Wert haben nur jene Forschungsergebnisse, die von der Gemeinschaft der Forschenden beachtet werden. Und das heißt vor allem: zitiert werden. Zitiertwerden ist der Hauptfaktor für den Aufbau und Erhalt wissenschaftlicher Reputation. Wissenschaftliche Zeitschriften haben einen speziellen »Impact Factor«, über den sich das »Gewicht« von Zitaten messen lässt. Und wer bereits größere Aufmerksamkeit gefunden hat, findet noch größere Aufmerksamkeit. Denn um ihren Impact Factor zu erhöhen, wählen Zeitschriften bevorzugt bekannte Autoren oder spektakuläre Themen aus. Eine Studie unter deutschen Klimaforschern ergab zum Beispiel, dass die Fraktion der »Klimamodellierer«, die auf medienträchtige Flut- und Dürreszenarien setzen, wesentlich mehr Forschungsgelder bekommt als die eher vorsichtigen Empiriker.

Ebenso wichtig wie das Zitiertwerden ist das Zitieren selbst. Mit Zitaten schafft man Vernetzungen und verknüpft die eigene Leistung mit den Leistungen anderer. So werden Kontrahenten abgeschreckt und Verbündete gebauchpinselt: eine Art wissenschaftliches Kraulen, das ebenfalls dem »Impression Management« dient. Wer es dann wirklich zum Star-Intellektuellen oder zum Alpha-Forscher bringen will, braucht zudem noch ein telegenes Auftreten, Kompetenzen in Sachen Kultmarketing und eine vermarktbare Master Idea. Einen Vertreter dieser Zunft haben wir schon kennen gelernt: den Hysterie-Erfinder Jean-Martin Charcot.

Es kann aber auch schon genügen, sich an bereits existierende Klatschkomplexe heranzuklatschen. Besonders geeignet für diese Variante erscheint die Literaturwissenschaft, die ja schon per se ins Erzählen verliebt ist. Die Shakespeare-Forschung etwa ist ein wahres Paradies für Mythomanen und Fans von Konspirationstheorien. Allein die Legenden um Shakespeares Identität haben Hunderte von Forschern beschäftigt. Gerüchten zufolge stammten Shakespeares Werke in Wirklichkeit von Francis Bacon, Queen Elizabeth I., Christopher Marlowe und rund 50 weiteren Kandidaten, darunter dem Earl of Oxford, den auch Mark Twain und Sigmund Freud favorisierten – woraufhin Freud seine psychoanalytischen Interpretationen der Oxfordschen Biografie anpasste.

Noch radikaler als Fabeln und Verschwörungstheorien, aber ebenfalls getrieben von der Kraft des Klatsches, sind völlig frei erfundene Forschungsergebnisse. Hier wird deutlich, wie die Sucht nach Aufmerksamkeit sämtliche Richtlinien wissenschaftlicher Seriosität aufweichen kann. Berühmt ist der Fall des südkoreanischen Stammzellforschers Hwang Woo-Suk, der seine aufsehenerregenden Forschungsergebnisse zur Verfeinerung des Klonwesens gefälscht hatte. Ebenso erfinderisch war der norwegische Oberarzt Jon Sudbø, eine anerkannte Kapazität in der internationalen Krebsforschung: Die Daten einer viel beachteten Studie über Schmerztabletten, die das Mundkrebsrisiko von Rauchern senken sollen, waren komplett fiktiv. Sudbø bezog sich sogar auf Krebs- und Rezeptregister, die zum Zeitpunkt der Datensammlung noch gar nicht existierten – und gab 250 seiner frei erfundenen Patienten das gleiche Geburtsdatum. Doch die Unstimmigkeiten fielen keinem auf. Im Gegenteil: Die US-Arzneimittelbehörde hatte aufgrund der »Erkenntnisse« 2005 sogar ihre Behandlungsempfehlungen geändert – und das US-National Cancer Institute weitere Forschungsgelder über 10 Millionen Dollar bewilligt.

Auf die Spitze trieb diesen Klatsch-Kampf um Aufmerksamkeit der amerikanische Physiker Alan Sokal. 1996 reichte er bei der Zeitschrift »Social Text« einen Aufsatz ein. Titel: »Die Grenzen überschreiten. Auf dem Weg zu einer transformativen Hermeneutik der Quantengravitation«. Inhalt: ein bunter Strauß akademischer Stilblüten. Nachdem der Artikel gedruckt war, outete ihn Sokal selbst als Parodie. Weniger spaßig war der Vorfall für die Zeitschrift selbst. Doch weil »Social Text« daraufhin Manuskripte gewissenhafter prüfen musste, hatte der Scherz auch positive Folgen. Denn auch im Wissenschaftssystem dient unwahrer Klatsch immer noch der Systemoptimierung: Aufgeflogene Fälschungen decken Störanfälligkeiten auf und helfen bei der Fehlersuche und -korrektur.

Das neue Wissen vom Wissen

Das Internet weist dem Wissen eine neue Rolle in der Gesellschaft zu und schafft eine neuartige Qualität des Wissens selbst. Wenn wir im Datenmeer nach Wissensfundstücken suchen, sind wir abhängig vom Navigator der Suchmaschine. Und damit vom Klatsch, denn Google & Co. werfen ihre Ergebnisse auf Klatschbasis aus: Was oft geklickt wird, wird zuerst angezeigt – und dadurch auch wieder öfter geklickt. Dieser Kreislauf führt zugleich in eine sprachliche Einbahnstraße. Denn die Orientierung am Output der Suchmaschinen bewirkt einen standardisierten Sprachgebrauch, der Vielfalt und Originalität aktiv unterbindet. Worte, die weniger häufig gesucht und gefunden werden als ihre semantischen Verwandten, könnten dadurch sogar vom Aussterben bedroht sein. So könnte das Medium Internet auch dazu führen, dass wir zwar mehr klatschen, aber mit einem schrumpfenden Wortschatz.

Die Rundumverfügbarkeit des Suchmaschinen-Wissens begünstigt auch die »Copy/Paste-Kultur«, das ungeprüfte Kopieren und Weiterverwerten von im Netz gefundenen Informationen. Professoren beklagen bereits einen Qualitätsverlust wissenschaftlicher Arbeiten, weil die Studierenden Google und Wikipedia anstelle der echten Quellen nutzen. Umfragen zufolge stückeln mehr als ein Drittel der Studenten ihre Arbeiten aus Online-Quellen zusammen. Die Haus- und Examensarbeiten bestehen dann oft aus in sich logischen Versatzstücken, die im Zusammenhang kaum noch Sinn ergeben.

Andererseits ist blindes Weiterklatschen keine reine Online-Spezialität, sondern eine generelle Nebenwirkung des wissenschaftlichen Zitiersystems. Eine Studie über das Fehleraufkommen in Literaturangaben von Fachartikeln ergab, dass es sich erstaunlich oft um Fehler handelt, die immer wieder abgeschrieben worden sind. So wurde ein Artikel, der 55 Mal zitiert wurde, in 47 Fällen dem Chemiker Wilhelm Oswald zugeschrieben, während er in Wahrheit von seinem Schüler stammte. Offenbar hatte keiner der 47 Autoren die vermeintliche Oswald-Arbeit je gesehen, geschweige denn gelesen. Und wo die Wissenschaft schon generell zum fehleranfälligen Klatschen einlädt, wird diese Einladung mit dem Internet, das mit wenigen Klicks ganze Archive wissenschaftlicher Werke und Hausarbeiten durchsuchbar und kopierbar macht, so verführerisch wie nie zuvor.

Der Wissenswandel im World Wide Web hat Auswirkungen auf die gesamte Gesellschaft. Durch die allgemeine Wissensbeschleunigung gelten Erkenntnisse immer kürzer. In den vergangenen hundert Jahren verdoppelte sich die Zahl der wissenschaftlichen Veröffentlichungen etwa alle sechzehn Jahre, in einigen Naturwissenschaften sogar alle zehn Jahre. Diese Wissensflut wird durch Suchmaschinen noch verstärkt, denn jede Suchanfrage liefert Unmengen an Informationsüberschüssen: Man findet Antworten auf Fragen, die man (noch) gar nicht gestellt hat.

Der Informations-Overflow hat eine neue Wissenskultur entstehen lassen, ein Wissen zweiter Ordnung: das Wissen vom Wissen. Immer wichtiger als das Wissen selbst werden heute Kompetenzen im »Wissensmanagement«. Wir müssen wissen, was wir *nicht* wissen müssen, um uns nicht mit überflüssigen Informationen zu belasten. Und wir müssen wissen, *wie* wir Wissen kommunizieren und inszenieren, wenn wir es möglichst effizient verbreiten wollen.

Auch das führt zu einem standardisierten Mediengebrauch, denn um Aufmerksamkeit zu erzeugen, müssen wir uns am Medienverhalten anderer orientieren. Eben deshalb hat Google eine Monopolstellung als zentraler Anbieter von Aufmerksamkeitsvorteilen.

Die Kunst des Klatsches

Kunst und Klatsch: Eine kreative Koalition

Was verbindet Kunst und Klatsch? Vor allem die Lust am Erzählen und an der kreativen Kommunikation. Künstler und Klatschende interessieren sich weniger für Was- als für Wie-Kommunikation: Die eigentlichen Sachinformationen zählen weniger als die Art und Weise, in der sie kommentiert, bewertet und ausgeschmückt werden. Wie ein Kunstwerk erschafft auch der Klatsch eine Welt für sich. Er ergänzt, rundet ab und füllt Lücken mit Fantasie aus – ein kreativer Schaffensprozess mit Performance und Publikum.

Weil beim Klatschen oder Gerüchteverbreiten der Unterhaltungswert von besonderer Bedeutung ist, muss Klatsch mehr sein als bloß eine nüchterne Nacherzählung von Geschehnissen. Wer kein guter Geschichtenerzähler ist, kann nicht gut klatschen. Für eine gelungene Darbietung sind erzählerische und dramaturgische Talente gefragt: die dramatisierende Betonung des Außergewöhnlichen; das unterhaltsame Hinzufügen von Details, die zugleich den Eingriff in die Privatsphäre legitimieren; der Einbau von Zitaten, die die Zensurregeln lockern und Echtheit garantieren; die Zuschreibung des Erzählten zu einer glaubwürdigen Quelle. Und auf Seiten des Klatsch-Rezipienten das fantasievolle Ausfüllen der »Leerstellen« anhand von eigenen Erfahrungen und Vorurteilen, die aus den unstrukturierten Teilen ein zusammenhängendes Ganzes schmieden. Wer Klatsch konsumiert, »macht sich ein Bild«.

Hier liegt auch der Grund für die erfolgreiche Koalition von Klatsch und Kunst in Sachen Verschwörungstheorien. Die Legende vom Heiligen Gral etwa, die sich der Hofdichter Chrétien 1180 für seinen letzten, unvollendeten Roman einfallen ließ, hatte bereits wenige Jahre später ein halbes Dutzend weiterer Autoren in neue Artus-Geschichten eingebaut. Nach dreißig Jahren war der Gral im ganzen Abendland bekannt und wird bis heute kunstvoll weitergeklatscht, von den Opern Richard Wagners über Filme wie »Indiana Jones« oder »Die Ritter der Kokosnuss« bis zu Dan Browns Bestseller »Sakrileg«. Angefeuert wird diese erzählerische Wiederkehr des ewig Gleichen durch den Klatsch-Katalysator des (gelüfteten) Geheimnisses – und welches Geheimnis könnte größer sein als das des ewigen Lebens?

Das Geheimnis ist ein zentraler Angelpunkt für künstlerisches Schaffen. Welchen Reiz hätten Romane oder Filme ohne den Blick in die Intimsphäre der Helden, ohne das Eindringen in die geheimen Privatleben anderer Menschen? Es würde ihnen das fehlen, was auch den Klatsch so attraktiv macht: der Vergleich des offiziellen Bildes, das eine Person nach außen abgibt, mit dem »echten« Bild, das der klatschhafte Künstlerblick enthüllt.

Klatsch ist ein kriminalistisches, detektivisches Unterfangen: Es geht um die Aufdeckung von wahren Begebenheiten und Charaktereigenschaften. Umgekehrt profitieren die großen Helden der Kriminal- und Detektivromane auch stets vom strategischen Einsatz bewährter Klatschtechniken. Die geschwätzige Miss Marple ist ebenso wie Hercule Poirot der Überzeugung, dass Leute, die etwas zu verbergen haben, dies unweigerlich im zwanglosen Smalltalk enthüllen: im verräterischen Klatsch und Tratsch.

Liebe ist ... gemeinsames Geschwätz

Weil das Geheimnis ein Motor der Kunst ist, kreist die Kunst vor allem um Themen gesteigerter Intimität. Deswegen ist die Liebe die Hauptquelle der Kunst, insbesondere der Erzählkunst: Die erfolgreichsten Romane der Literaturgeschichte sind Liebesromane. Herrscht König Klatsch also nicht nur in der Kunst, sondern auch im heiligen Reich der Romantik?

Tatsächlich ist die Liebe abhängig von grundlegenden Klatschprinzipien. So fand der Eheforscher John Gottman heraus, dass das Rezept einer erfolgreichen Ehe im alltäglichen Geschwätz liegt. Dieser »Liebes-Klatsch« ist der Stoff, aus dem dauerhafte Intimität entsteht. Im gemeinsamen Gequatsche können sich Paare wechselseitig bestätigen und einander signalisieren, dass sie auf einer Linie sind. Und der Klatsch über die Andersartigkeit der anderen bestätigt zugleich die Einzigartigkeit der Paarwelt.

Auch das Geheimnis spielt in Liebesbeziehungen eine tragende Rolle. Von Georg Simmel wissen wir, dass ein zwischenmenschliches Verhältnis davon bestimmt wird, »ob und wie viel Geheimnis in ihm ist«. Das geheimnisvolle Spiel von Entdecken und Verbergen macht menschliche Beziehungen attraktiv. Deshalb ist Klatsch auch so flirtfreundlich: Studien zeigten, dass Unterhaltungen in gemischtgeschlechtlichen Gruppen immer zum Gebalze tendieren – wobei Männer deutlich plapperfreudiger sind, weil sie ihre Qualitäten als Paarungspartner anpreisen wollen.

Für romantische Beziehungen bedeutet das Geheimnis eine Gratwanderung, die immer mühsamer werden kann. Einerseits fordert das romantische Totalitätsgebot, dass man keine Geheimnisse vor dem Partner haben darf. Andererseits würde das totale Wissen über den anderen die Lebendigkeit lähmen und, weil so auch keine neuen Erfahrungen mehr zu machen wären, die Beziehung beenden. Daher besagt der paradoxe Liebescode: Klatsch macht glücklich – aber manchmal ist Schweigen Gold.

Eine weitere Parallele zwischen romantischer Liebe und Klatsch liefert der Zufall. So wie der Klatsch den Schutzmantel des Zufälligen sucht, um sich zu legitimieren, kann auch die romantische Liebe nicht mutwillig herbeigeführt werden, sondern muss sich als Zufall oder »Schicksal« ausflaggen. Was bedeutet das für die Liebe im Internet-Zeitalter, wo man über Flirtportale gezielt nach seinem Schicksal fahnden kann? Wird die Romantik hier ad acta gelegt?

Erstaunlicherweise trifft eher das Gegenteil zu, gerade unter Klatschaspekten. Denn die interaktiven Möglichkeiten von Chats, Foren und sozialen Netzwerken bieten beste Klatsch- und damit auch Kennenlern- bzw. Flirtbedingungen: Im Schutz der virtuellen Anonymität ist man eher bereit, etwas über sich preiszugeben, gerade weil man oft nicht weiß, wer sich auf der anderen Seite verbirgt. Auch hier gilt es also, Geheimnisse zu lüften – natürlich mit dem Risiko, dass die Realität am Ende nicht unbedingt dem virtuellen Wunschbild entspricht. Das Chatten im Internet lässt sich sogar als modernes Gegenstück zur gefühligen Schriftkultur des Briefromans im 18. Jahrhundert betrachten. Wie die Flirtenden im Cyberspace nutzte auch der empfindsame Briefroman, etwa Samuel Richardsons »Clarissa«, das »writing to the moment«, um die Gefühlswelten der Akteure zu inszenieren.

Wer im Internet flirtet, sollte jedoch bedenken, dass er dabei digitale Klatschspuren hinterlässt, die von Suchmaschinen immer wieder ausgespuckt werden können. Hier werden auch die detektivischen Triebe wieder entflammt. So ergab eine Studie, dass sich Ehepaare häufig gegenseitig im Internet hinterherspionieren. Rund ein Viertel der verheirateten Paare liest heimlich E-Mails des Partners, 13 Prozent erforschen sogar die vom Partner aufgerufenen Seiten im Browser.

Kunst und Konsum sind auf einer Wellenlänge, das wussten schon Charles Baudelaire und Oscar Wilde. Denn für die Kunst gilt das gleiche wie für Wirtschaft, Politik und Wissenschaft: Erfolg beruht nicht allein auf fachlicher Kompetenz, sondern vor allem auf dem Zuspruch des Publikums. Was zählt, ist eine gelungene Inszenierung, optimalerweise flankiert vom Lob eines Kritikerpapstes. Kulturschaffende beklagen das gern als Dominanz des Kulturmanagements und »Eventisierung«. Tatsächlich aber steckt dahinter die klatschhafte Verwandtschaft von Kunst und Konsum mit der Kreativität.

Bei diesem Zusammenspiel hat sich die Werbung immer mehr von der Kunst abgeguckt. Werbung »verkauft Kreativität, die verkauft«, beschrieb der Kommunikationswissenschaftler Siegfried J. Schmidt dieses Phänomen. Auch die Werbung spielt ein künstlerisches Spiel mit der Fiktionalität. Gerade weil das Motiv des Verkaufenwollens offengelegt wird, können sich diese künstlerischen Mittel frei entfalten.

So wie sich ein Autor durch den Einsatz von Erzähltechniken ein Werk schafft, das eine in sich stimmige Einheit bildet und den Schöpfer verdeckt, operieren auch Werber mit Plausibilisierungen und »Unsichtbarmachungen«. Zum Beispiel durch einen paradoxen Sprachgebrauch, der Exklusivität für jedermann verheißt oder suggeriert, man könne sparen, indem man Geld ausgibt. Der Literaturkritiker und Philosoph Roland Barthes sah Werbung daher selbst als Sprachkunst: Bei der poetischen »Uneigentlichkeit« der Werbesprache ziele das Gesagte zwar auf das Beworbene, weise aber zugleich weit darüber hinaus. Deutlich wird diese PR-Poesie zum Beispiel in kompakten Claims, die mit einem Wort eine ganze Philosophie transportieren sollen: »Der Strom ist gelb«, »Just do it«, »Das Auto«.

Der Künstler als Klatsch-Ikone

So wie Werber Quasi-Künstler sind, die genau beobachten, wie die Kunden ihre Bilderwelten beobachten und das Beobachtete weiterklatschen, greifen auch Künstler in die Werkzeugkiste der Werbung, um ihre Werke und sich selbst zu vermarkten. Ein prominentes Beispiel ist Jeff Koons, der Marketing und Kunst so miteinander verschmilzt, dass man sich oft fragt, ob seine Werke (noch) Kunst sind oder (schon) Werbung. Hatte Warhol mit seiner Business Art noch das Geschäft als Kunst dargestellt, geht Koons einen Schritt weiter. Seine Kitsch-Kunstwerke bilden eine kultische Selbstinszenierung des Künstlers und machen seinen Namen zum Markenzeichen, zum Logo. Koons geht es um Publizität und Prominenz: um Klatsch. Und wie die Werbeprofis beobachtet er genau, wie der Markt und die Kritiker seine Werke beobachten.

Auch Jonathan Meese avancierte zum Kunst-Star, indem er sich selbst – bewusst oder auch nicht – zur Marke machte. Weit mehr noch als bei Koons dreht sich Meeses Künstler-Kult um die eigene Person. Das beginnt bei der äußeren Erscheinung (Bart, dunkle Haarmähne, schwarze Trainingsanzüge) und wiederkehrenden Parolen von der »Diktatur der Kunst«, die durchaus Werbeclaim-Charakter haben. In seinen Werken inszeniert sich Meese regelmäßig selbst, vorzugsweise an der Seite von Nero, Wagner, Nietzsche oder Hitler. Und er pflegt eine symbiotische Beziehung mit seiner Mutter, über die er sagt: »Ich brauche sie, ohne sie bin ich nichts.« Der exzentrische Weltstar als Muttersöhnchen – eine perfekte Klatschgeschichte. In Meeses Ich-Show gibt es keine komplexen Konzepte oder Theorien, alles wirkt durch und durch authentisch – und bei aller Exzentrik und Wildheit ist er ein Mama-Fan geblieben, ein Mensch wie du und ich, mit dem man sich klatschgerecht identifizieren kann.

Ein wichtiger Klatschfaktor für Künstler ist auch der Sex-Appeal. »Sex und Kunst sind ein und dasselbe«, proklamierte Pablo Picasso. Das Bild des Künstlers als Don Juan, glamourös, zerrüttet, mit einem sportlichen Liebesleben, zählt zu den ältesten und populärsten Bildern unserer kulturellen Geschichte. Und keiner verkörperte diesen Mythos perfekter als der Autor des »Don Juan« selbst, der romantische Dichter George Gordon Noel Byron, kurz: Lord Byron. In seinem kurzen Leben (1788-1824) vernaschte der Schriftsteller praktisch alles, was ihm über den Weg lief, inklusive Männern, diversen Grandes Dames sowie seiner eigenen (verheirateten) Halbschwester. Letzteres machte ihn eventuell zum Vater seiner eigenen Nichte und zwang ihn 1816 dazu, vom Tratsch verfolgt, seine englische Heimat zu verlassen.

Schon Byrons abenteuerliche Familienbiografie liest sich wie eine gute Klatschgeschichte. Sein Großvater tötete einen Verwandten im Duell, sein Großonkel war ein Seeoffizier mit dem Spitznamen »the nautical lover«, sein Vater trug den Beinamen »mad Jack« und ließ die Mutter, eine reiche schottische Erbin, nach der Verschwendung ihres Vermögens mit dem Sohn sitzen. Nach seiner Flucht aus London tauschte Byron 1816 den englischen Familiensitz gegen einen Palazzo in Venedig, in dem er mit zahlreichen Dienern, zwei Affen, zwei Bulldoggen und der Frau eines venezianischen Bankiers als neuer Mätresse lebte. Später bezog er nach einer Affäre mit einer 19-jährigen Gräfin einen Flügel ihrer ehelichen Palast-Gemächer – auf Wunsch des 58-jährigen Gemahls und mitsamt einem Tross aus sechs Hunden, zwei Katzen, einem Falken, einer Krähe, einem Affen, einem Fuchs und einem Dachs. Als sich Griechenland 1821 gegen die Türken erhob, verkaufte Byron Hab und Gut, charterte ein Schiff, kaufte Waffen, Munition und Medikamente für 1000 Mann und übernahm ein griechisches Kommando über 600 wilde Soldaten. Im zarten Alter von 36 Jahren starb er den Heldentod im Befreiungskampf.

Die bewegten Biografien von Byron und seinem Weggefährten Percy Bysshe Shelley stehen als Signaturen für eine »romantische« Lebenshaltung: radikal unkonventionell und nur den hemmungslosen subjektiven Impulsen folgend, extrem exzentrisch, aber auch extrem sensibel. Die »Rebel poets« wurden zum Synonym für das künstlerische Genie schlechthin, und die Figur des romantischen Helden wurde nach Byron »the Byronic hero« getauft: der Künstler als perfektes Klatschobjekt, das gegen soziale Normen verstößt, aber dennoch – oder gerade deswegen – als Teil der Gemeinschaft der Kunstliebhaber bestätigt und gefeiert wird.

Mediale Mythen: Klatsch als Quasi-Religion

Klatschen heißt anderer Leute Sünden beichten. (*Wilhelm Busch*)

Das Kreuz mit dem Klatsch

Jesus verwandelte Wasser in Wein, machte Blinde sehend, lief über Wasser, starb einen spektakulären Märtyrertod und erwachte als Untoter zu neuem Leben: eine abenteuerliche Ansammlung sensationeller Storys, die ihm den Titel »Jesus Christ Superstar« einbrachte. Und ein Plot, der auch die quasireligiösen Megamythen der modernen Star-Anbetung inspirierte, etwa die »Elvis lebt«-Legenden oder die Sagen um den Tod James Deans. Der Ur-Klatsch über Jesus' Wundertaten wirkt auch im 21. Jahrhundert, etwa in Form von Gerüchten und Spekulationen über die Schweißtuch-Reliquie, die angeblich sein »wahres Antlitz« zeigt.

Religionen gründen auf Gerüchten. Wie beim Klatsch geht es um Erzählungen, die vereinfachen. Und in beiden Fällen dient ein ansteckender Glaube dazu, die Komplexität zu reduzieren. Der Glaube kreist, genauso wie der Aberglaube oder die Fabelwelt der Magie, um die Hoffnung auf eine verborgene Ordnung hinter der zufälligen Unordnung der Realität. Dieser Wunsch, an etwas zu glauben, befeuert auch oft den Klatsch. Klatsch liefert Informationen, die etwas rechtfertigen, was man bereits geahnt oder latent gewünscht hatte.

Besonders deutlich wird die religiöse Klatschhaftigkeit im Hadith, der neben dem Koran die zweite Hauptsäule des Islam bildet und die überlieferte Aussage aus dem Mund des Propheten Mohammed verkündet. Ein typischer Hadith-Auszug lautet etwa: »Uns wurde berichtet von Abdalah Ibn

Yusuf, der sagte, ihm wurde es erzählt von Al-Laith, der es von Yaszid hörte, welcher es durch Abu'l Khair erfuhr, der wiederum von Uqba Ibn Amir hörte, dass der Prophet gesagt hat ...« – und dann folgt das angebliche Zitat. Insofern verwundert es auch nicht, dass der spätgriechische Satiriker und Essayist Lukian den Göttern selbst Klatschgelüste unterstellte oder dass der biblische Sündenfall am Baum der Erkenntnis eine Klatschgeschichte ist.

Wie Klatsch bilden Religionen eine Art Immunsystem gegen die Kränkungen des Alltags, bieten Sicherheits- und Gemeinschaftsgefühle im Alltagschaos und liefern damit tatsächlich, wie schon Karl Marx erkannte, Opium fürs Volk. Denn wie körpereigene Opiate – oder wie eine gute Klatschgeschichte – lindert der Glaube die Irritationen der täglichen Existenz. Dadurch können Religionen Gemeinschaften effizient organisieren und stabilisieren. Wie bei Insektenstaaten, deren Mitglieder zwar voneinander unabhängig sind, aber sich gegenseitig dienen, minimieren solche symbolischen Systeme Ausbeutung und Betrug. Dafür sorgt das Prinzip Vertrauen – wie bei Klatschsystemen, wo man einander vertraut, dass der Klatsch nur an vertrauenswürdige Personen weitergetragen wird.

Heute gewinnen kirchliche Rituale und gottesdienstliche Zeremonien an Attraktivität als »Kommunikationsvermeidungskommunikation« (Niklas Luhmann): Im Fokus steht der Kultcharakter, das »spiritual entertainment« – der Rest ist vielsagendes Schweigen. Religionspsychologische Untersuchungen zeigen, dass Gottesdienstbesucher am stärksten beeindruckt sind von emotionalen und stimmungsvoll orchestrierten Zeremonien, schlechte Werte erhalten dagegen abstrakte moralische Erörterungen. Ein Garant für gute Showeffekte sind die Darbietungen des Vatikans, zu beobachten etwa bei der Beisetzung von Papst Johannes Paul II. oder der Einsetzung von Papst Benedikt XVI.

Das moderne Surrogat für Religion sind daher die Stars der Unterhaltungsindustrie. So wie der Glaube an eine transzendente Wirklichkeit kann auch der Glaube an Berühmtheiten individuellen Trost spenden. Die VIP-Eventindustrie liefert »Sinn« in Form von aufwühlenden Bildern und Erlebnissen, die den profanen Alltag mit der Übernatürlichkeit des Glamours erhellen. So werden Stars zu Helden der Wiederverzauberung – und die Welt der VIPs zur säkularen Hochreligion.

Klatsch und Religion operieren schon ganz grundsätzlich auf einem Nenner. Die Grundunterscheidung, auf der jede Religion aufbaut, ist die Trennung zwischen Immanenz und Transzendenz, zwischen dem greifbaren Hier und Jetzt und den Verheißungen von Schicksal, Erlösung und Nirwana. Dieser Differenz bedient sich auch der Klatsch mit der Unterscheidung zwischen An- und Abwesenheit: Das Klatsch-»Objekt« darf beim Klatschen nicht präsent sein. Auch beim Promi-Klatsch sind die quasigöttlichen Stars medial omnipräsent, aber real ungreifbar. Deswegen treten sie auch nicht als Menschen, sondern als Menschentypen auf, als säkularisierte Gottheiten, die oftmals zu gefallenen Göttern mutieren.

God is in the TV

Bis zum 17. Jahrhundert musste alles »Böse« bei Licht, also öffentlich, gerichtet werden, um den Verstoß gegen die Ordnung vor aller Augen abzugelten. »Allein das Licht der Öffentlichkeit, in dem das Geständnis gemacht und die Strafe ausgeführt wird, kann die Dunkelheit ausgleichen, aus der das Böse kommt«, beschrieb Michel Foucault diesen Mechanismus. Aus diesem religiös geprägten Dualismus von Licht und Finsternis, Gut und Böse entstanden die mittelalterliche Prangerstrafe und die modernen Metaphern vom »Licht der Öffentlichkeit« und vom »medialen Pranger«. Kein Medium erfüllt diese Vorstellung, dass alles »öffentlich« Gezeigte zugleich klar und eindeutig ist, besser als das Fernsehen.

In der modernen Mediengesellschaft hat sich das Fernsehen als eine Verkündigungsmaschinerie erwiesen, angetrieben von der Einschaltquote als dem »verborgenen Gott dieses Universums« (Pierre Bourdieu). »Anstelle der Autorität der Bibel tritt die des Sportplatzes, des Fernsehens«, meinte auch Adorno. Noch deutlicher formulierte es der – passenderweise stets diabolisch maskierte – Rockstar Marilyn Manson in einem Song: »God is in the TV«.

Spannend am heutigen TV-Gott ist die gottgleiche Rolle, die er uns selbst zuweist. So wie die antiken Götter als Zuschauer des sinnlosen Leidens erfunden wurden, die sich an der Grausamkeit des Zufalls auf Erden erfreuten, ergötzen wir uns im Fernsehen am Unglück anderer, etwa wenn wir Ex-Promis in der Hölle des Dschungelcamps leiden sehen. Oder am Glück, das wir vermeintlich gottgleich mitbestimmen, wenn wir bei »Deutschland sucht den Superstar« einen neuen Promi aus dem alltäglichen Nichts in den Star-Himmel erheben.

Der Reiz zahlreicher TV-Formate neuerer Bauart besteht darin, dass Menschen darauf hoffen, von ihrem alltäglichen Leben erlöst zu werden und Eintritt in das Reich der Bedeutsamkeit zu erlangen, also selbst zum Quasi-Gott emporzusteigen, der angebetet und beklatscht wird. Für den Zuschauer dient das Fernsehen dann auch als Beichtvater und Erlöser. Es ermöglicht eine kleine Auszeit aus dem eigenen Leben – die über den späteren Klatsch mit Glaubens- beziehungsweise Guckgenossen aufwärmbar ist. Insofern ähnelt Klatsch auch der kirchlichen Beichte. Seine entlastende Funktion macht ihn zu einem Alltagstherapeutikum, das die Seele reinigt.

Auch die Welt der Waren profitiert von dem Klatschpotenzial quasireligiöser Elemente. Das offenbart sich schon beim Produktdesign, das heute vor allem Sicherheit und Weltvertrauen ausstrahlen soll. Designer sind Meister der Vereinfachung, indem sie Komplexität durch »sinnvolle« Gebrauchsoberflächen reduzieren. Und die Werbung macht durch das Design von Produkt-Mythen die Marken zu Stars. Ein Paradebeispiel für eine solche Verwertungskette ist der Computerhersteller Apple.

Im Apple-Kosmos trifft man an jeder Ecke auf religiös angehauchte Symbolik. Das beginnt schon beim Firmennamen und dem dazugehörigen Logo, einem angebissenen Apfel, der an den Baum der Erkenntnis im Garten Eden erinnert. Der Unternehmens-Mythos kündet von komplexen Computern, die revolutionär einfach zu bedienen sind, wahren Schöpfungswundern, die vorzugsweise in jungfräulichem Weiß, der Farbe der Unschuld, daherkommen. Eine religiös aufgeladene Aura strahlt auch der kathedralenartige Apple Store in New York aus: eine unterirdische Sakralstätte, in die das Tageslicht von oben durch einen riesigen Glaswürfel fällt, während von der Decke, wie ein Kreuz in der Kirche, ein riesiger Apfel schwebt.

Erscheinen neue Apple-Produkte, kampieren die Jünger wie Wallfahrer tagelang demütig vor den Geschäften, um die neuen Kreationen aus der Nähe anzubeten. Eine dieser Apple-Schöpfungen ist das iPhone, das Erlösung von allen technischen Kommunikationsproblemen verspricht und in den USA wegen seiner angeblichen Wunderkraft auch »Jesusphone« getauft wurde. In Deutschland bewarb ein Elektromarkt das iPhone mit den Worten: »Berühren heißt glauben«. Auch der iPod fasziniert durch Streicheleinheiten, die er dem Benutzer abverlangt: rituelle, segnungsgleiche Gesten, die weniger mit Funktionalität als mit intimem Kontakt zu tun haben. Diese Produkte sind Superstars und Glaubensstifter zugleich – das bringt sonst nur der Dalai Lama zustande.

Mit Firmenmitgründer Steve Jobs hat die Apple-Religion ihren eigenen Messias. Das »New York Magazine« nannte ihn trefflich »iGod«. Wenn Jobs vor der Apple-Gemeinde die Segnungen der neuen Produktpalette verkündet, trägt er stets das gleiche, karge Outfit: Jeans und dunkler Rollkragenpullover – ein Jesus der Warenwelt, der ein Wunder nach dem anderen aus dem Ärmel schüttelt. Jobs steht damit auch für das Gute im Kampf gegen das dunkle Reich der Windows-Nutzer, die den wahren Glauben noch nicht gefunden haben. Cybertheologen fanden heraus, dass der Kampf von Apple-Anhängern gegen Microsoft-Sympathisanten stark den Glaubenskämpfen von Protestanten und Katholiken ähnelt. Es geht um Anbetung und heilsbringerische Erwartungen, und Produkte wie das iPhone genießen den Status des Pfingstwunders, wo alle Kommunikationsstörungen durch den Heiligen Geist aufgehoben werden.

Der quasireligiöse Kult erstreckt sich aber auch auf altgediente Apple-Kreationen wie die Newton-PDAs, die zwischen 1993 und 1998 produziert wurden. Newton-Fans organisieren sich als quasireligiöse Gruppe mit klar definierbaren Liturgien, Ritualen und Mythen. Dieser religiöse Charakter basiert vor allem auf den Klatschgeschichten, die sie einander über das Leben mit ihrem Newton erzählen. Die Newton-Sagen reichen von der Selbststilisierung als erleuchtete Elite bis zu Verfolgungslegenden, von Wunderfähigkeiten und -heilungen, etwa unerwarteten Wiederbelebungen entladener Newton-Akkus, bis zur Bekehrung Ungläubiger und dem Gerücht über eine Neuauflage, eine Wiederauferstehung des Newton. Der Gruß der Gläubigen lautet in Anspielung auf die grüne Hintergrundbeleuchtung der Geräte: »Keep the faith, keep the green«.

Ausblick:
Klatsch too much?

Guter Klatsch, schlechter Klatsch

Die Zeitreise durch die Geschichte des Klatsches hat uns von seinen Anfängen im Reich der Affen bis in die virtuelle Welt des globalisierten Klatsches geführt. Sie hat gezeigt, wie sich der Klatsch im Laufe der sozialen Evolution als besonders effizientes Werkzeug erwiesen und immer größere Gesellschaftsbereiche erobert hat. Unsere Welt trägt von Anfang an den Stempel des Klatsches, und seine Signatur wird immer prägnanter: Die Geschichte des Klatsches ist eine Erfolgsgeschichte. Aber ist der Siegeszug des Klatsches wirklich ein Fortschritt?

Die zunehmende Boulevardisierung durch Massenmedien und Internet wirft auch kulturpessimistische Fragen auf: Beschert uns die moderne Hightech-Kultur einen medialen Geschwätz-Overkill? Ist die Evolution des Klatsches nicht eigentlich ein Rückschritt der menschlichen Kommunikation, zurück zu ihren Wurzeln, dem akustischen Kraulen der Sprache? Zählt im Fernsehen und Internet nicht mehr *was*, sondern nur noch *dass* und *wie* geredet wird? Geht es eigentlich nur noch um Redundanz und Resonanz, um Talkshow-Geschwätz und Politainment? Ist der Klatsch außer Kontrolle geraten?

Roland Barthes hatte solche Vorahnungen schon im Zusammenhang mit der medialen Verbreitung der Fotografie: Weil das Private öffentlich konsumiert werde, habe sich die »Öffentlichkeit des Privaten« zu einem allumfassenden Verlangen entwickelt. Ähnlich klagte der Soziologe Richard Sennett vor einem Vierteljahrhundert über die »Tyrannei der Intimität«: Die Grenze zwischen öffentlich und privat sei verschwunden, und die mediale Boulevardisierung der Gesellschaft habe einer »destruktiven Gemeinschaft« den Weg bereitet. Die um sich greifende Geschwätzigkeit lasse »die Menschen glauben, dass sie ihre Empfindungen voreinander enthüllen müssen, um emotionale Bindung herzustellen.« Eine Selbstoffenbarungskultur, die laut Sennett in einen Teufelskreis der anonymen Intimität führt: Soziale Isolation wird kompensiert durch eine tabufreie Dauerkommunikation, deren Geheimnislosigkeit wiederum Isolation erzeugt. Georg Simmel, der wie kaum ein anderer die wichtige Ambivalenz des Geheimnisses erkundet hatte, würde vermutlich zustimmend nicken.

Im Zeichen der neuen Klatschkultur sind Selbstwertgefühle direkt an Aufmerksamkeit geknüpft, insofern befinden wir uns tatsächlich inmitten eines kollektiven Persönlichkeitswandels. So wie das massenmediale Geschäft mit der Klatsch-Aufmerksamkeit immer härter und schneller wird, wird es für den Einzelnen schwieriger, den Verlust und Entzug von Beachtung zu verkraften. Der Philosoph Georg Franck sieht sogar einen »mentalen Kapitalismus« am Werke: Wir leben in einer Ökonomie der Selbstwertschätzung, in der das Sozialprodukt an Beachtung, an Chancen glückender Identität, äußerst ungleich verteilt wird. Den Gefeierten stehen die Darbenden gegenüber, die Verzweiflungstaten begehen, um wenigstens einmal aufzufallen und selbst im medialen Klatschfokus zu stehen. Unter solchen Vorzeichen ist es schon eine Leistung, keine narzisstische Persönlichkeit zu entwickeln, die das eigene Ego ständig bestätigt sehen muss, sei es durch direkte Beachtung oder im Abglanz angehimmelter Stars.

Wissenschaftler haben bei der Online-Generation bereits das »Invisible audiences«-Phänomen festgestellt: Die massenhafte Selbstdarstellung in sozialen Netzwerken oder YouTube-Clips verändert die Persönlichkeit, weil sich »authentische« Äußerungen stilistisch und inhaltlich zunehmend an einem imaginierten Publikum ausrichten – wie bei Zootieren, die dafür belohnt werden, wenn sie sich »artgerecht« benehmen. Die »Always on«-Kommunikation mit mobilen Geräten, die als unsichtbare elektronische Nabelschnur fungieren, erzeugt zudem eine »permanente Halbaufmerksamkeit«, die Defizite in Sachen Selbstständigkeit, Verantwortung, Ausdrucks- und Konzentrationsvermögen nach sich zieht. Und das Copy/Paste-Syndrom verwässert die Unterscheidung zwischen dem eigenen Gedächtnis und dem ausgelagerten, jederzeit verfügbaren Gedächtnis des Netzes: »Wissen« wird zum Konsum, der keiner Anstrengung bedarf und uns bewusst unterfordert. Statt der Kraft der virtuellen Klatschnetzwerke also doch nur schwächelnde Charaktere und digitale Demenz?

Nüchtern betrachtet ist die Gier nach Informationen aus dem Privatleben anderer, seien es Nachbarn oder Stars und Sternchen, heute nicht größer als früher. Sie wird nur auf einer stetig wachsenden Palette von Medienkanälen und damit in viel größerem Maße befriedigt. Der Klatsch hat zwar seine Gestalt verändert, vom Waschplatz zum Kaffeehaus, von der Yellow Press bis ins Internet. Und er hat auch seine Umwelt verändert: Die »Privatisierung« des öffentlichen Raumes geht in der Tat auch auf das Konto des Klatsches. Doch eine kulturpessimistische Sicht auf die moderne Klatschblüte unterschlägt gern die positiven Effekte, die sich aus diesem Prozess ergeben haben. So hat die Klatschkultur viel dazu beigetragen, unsere Gesellschaft von überkommenen Moralvorstellungen zu befreien und immer größere Bevölkerungsteile an der Öffentlichkeit teilnehmen zu lassen. Und noch immer fördert Klatsch soziale Kompetenzen: Man lernt andere Perspektiven kennen und muss sich in Toleranz und Flexibilität üben.

Viel akuter als die Frage, ob Klatsch nun gut oder böse sei, ist die Frage, ob sich der Klatsch durch seine eigene Inflationierung nicht am Ende selbst in die Quere kommt. Denn wenn der Klatsch zu präsent, zu beliebt, kurz: zu »gut« wird, wird ihm irgendwann das notwendige Quäntchen Bosheit fehlen, dass ihn erst zum Klatsch werden lässt. Schon jetzt verliert die öffentliche Ächtung des Klatsches an Boden. Klatsch ist nicht mehr selbstverständlich verpönt als etwas, von dem man sich distanzieren will oder muss, sondern wird zelebriert und instrumentalisiert als mediale Allzweckwaffe und alltagspsychologisches Therapeutikum. Diese Kombination aus einem Zuviel an Achtung und Un-Heimlichkeit einerseits und einem Zuwenig an Ächtung und Diskretion andererseits könnte dem Klatsch seine eigentliche Attraktivität rauben.

Eine Kommunikationsform, die in vielen Dingen mit dem Klatsch verwandt ist, macht uns allerdings vor, wie solche strengen Vorgaben dennoch flexibel handhabbar sind: die romantische Liebe. Auch die Liebe, die ja wie der Klatsch nie gewollt, sondern eigentlich nur spontan und zufällig zustande kommen darf, kann heute bewusster und pragmatischer angegangen werden. Und sie funktioniert noch immer wie geschmiert.

Die Zukunft des Klatsches

Am Internet lässt sich beobachten, wie stark der Klatsch von technischem Fortschritt und erweiterten Kommunikationsmöglichkeiten profitiert. Das World Wide Web hat die Welt schneller verändert als jede andere Innovation in der Geschichte der Menschheit – doch verglichen mit der Entwicklung eines Menschen ist das Internet gerade erst im Teeniealter angekommen. Die fortschreitende Globalisierung lässt die Welt immer näher zusammenrücken. Neue technische Errungenschaften ermöglichen einen immer schnelleren Austausch von Daten und eine immer engere Vernetzung.

Aus einzelnen sozialen Netzwerken werden Meta-Netzwerke entstehen, die unsere kompletten Identitäten umfassen. Und im Internet von morgen, dem Web 3.0 oder »Semantic Web«, werden Computer und Suchmaschinen intelligent, indem sie die Bedeutung und Zusammenhänge der auf Internetseiten verwendeten Begriffe erkennen. Wenn demnächst auch die letzten Winkel der Erde mit der Cyberwelt verbunden sind, wird das Internet ein quasiorganischer Teil unserer Welt werden, eine vernetzte Intelligenz, die drahtlos in unser Leben integriert ist, vom Auto bis zur Stereoanlage, vom Fernseher bis zur Kleidung. Über Displaytapeten können wir dann mit Freunden auf anderen Kontinenten klatschen, als wären sie bei uns zu Besuch.

Auch die Handy-Kultur lässt Gruppen immer enger zu mobilen Gemeinschaften zusammenwachsen. So ruft die wachsende »Flatratisierung« eine »Ambient telephony« ins Leben: eine wechselseitige Wahrnehmung der Gesprächspartner im Hintergrund, bei der man einander, wie bei der Messenger-Technologie, den Status der Ansprechbarkeit signalisiert. Dank sozialer Software kann man schon heute sehen, welche Freunde oder Community-Mitglieder sich gerade in der Nähe befinden.

Gerade weil die technologischen Weichen der Google-Gesellschaft auf Klatsch gestellt sind, erlangen aber auch die »Soft Skills« des Klatsches größere Bedeutung. Die vollständige Vernetzung unserer Welt lässt auch echte, real anwesende Personen wichtiger werden. Denn jeder Mensch braucht soziales Kapital, ein Gefühl von Sicherheit, das auf einer vertrauten Umgebung und funktionierenden sozialen Bindungen aufbaut. Hier hat sich Klatsch seit jeher als optimaler Kapitallieferant bewährt. Daher wird auch der Klatsch von Angesicht zu Angesicht nicht an Bedeutung verlieren. Im Gegenteil: In Zeiten des Wandels, der Beschleunigung und der Ungewissheit ist privater Klatsch schon immer eine wichtige Kompensationsquelle gewesen.

Angesichts globaler Dilemmas wie dem Klimawandel oder der Überfischung der Meere kann der Klatsch produktive Kräfte für die Erhaltung der Welt und Umwelt entfalten. Wissenschaftler sehen eine große Chance bei der Bekämpfung weltumspannender Probleme in »Reputationsmechanismen«, die privates Engagement öffentlicher und beobachtbarer machen, um Einzelne zu einem Verhalten zu motivieren, das allen nutzt.

Vor allem aber offenbart die zentrale Rolle, die Klatsch in der digitalen Revolution spielt, gewissermaßen des Klatsches Kern. Sein Wirken, von der Steinzeithöhle bis zum Global Village, hat in sämtlichen Formen und Facetten stets entscheidend dazu beigetragen, unsere Gesellschaft komplexer, schneller und unübersichtlicher zu machen. Und Klatsch hat uns zugleich schon immer geholfen, diese Komplexität zu reduzieren und die wachsende Unübersichtlichkeit auszuhalten. Diese Konstante zeichnet Klatsch als einen Motor der menschlichen Evolution aus: Ohne ihn ist die Gesellschaft, in der wir leben und leben werden, nicht denkbar.

Ausgewählte Literatur

Gordon W. Allport & Leo Postman, *The Psychology of Rumor*, New York 1965

Birgit Althans, *Der Klatsch, die Frauen und das Sprechen bei der Arbeit*, Frankfurt am Main 2000

Roland Barthes, *Mythen des Alltags*, Frankfurt am Main 1964

Joachim Bauer, *Warum ich fühle, was du fühlst. Intuitive Kommunikation und das Geheimnis der Spiegelneurone*, München 2006

Jörg R. Bergmann, *Klatsch. Zur Sozialform der diskreten Indiskretion*, Berlin 1987

Norbert Bolz, *Blindflug mit Zuschauer*, München 2005

Douglas T. Brownlie, Mike Saren, Robin Wensley & Richard Whittington (Hg.), *Rethinking Marketing. Towards Critical Marketing Accounts*, London 1999

Manuel Castells, *Die Netzwerkgesellschaft*, Opladen 2001

»Cover«-Medienmagazin #2 (»Klatsch & Tratsch. Der mediale Sündenfall«), Köln 2002

Nina Degele, *Informiertes Wissen. Eine Wissenssoziologie der computerisierten Gesellschaft*, Frankfurt am Main 2000

Nicola Döring, *Sozialpsychologie des Internet. Die Bedeutung des Internet für Kommunikationsprozesse, Identitäten, soziale Beziehungen und Gruppen*, Göttingen 2003

Robin Dunbar, *Klatsch und Tratsch. Wie der Mensch zur Sprache fand*, München 2002

Norbert Elias & John L. Scotson, *Etablierte und Außenseiter*, Frankfurt am Main 1993

Georg Franck, *Mentaler Kapitalismus. Eine politische Ökonomie des Geistes*, München 2005

Karoline Frenzel, Michael Müller & Hermann Sottong, *Storytelling. Die Kraft des Erzählens für Unternehmen nutzen*, München 2004

Malcolm Gladwell, *The Tipping Point. How Little Things Can Make a Big Difference*, New York 2000

Bernd Harder, *Das Lexikon der Großstadtmythen. Unglaubliche Geschichen von Astralreisen bis Zombie*, Frankfurt am Main 2005

Kurt Imhof (Hg.), *Die Veröffentlichung des Privaten, die Privatisierung des Öffentlichen*, Opladen 1998

Jean-Noël Kapferer, *Gerüchte. Das älteste Massenmedium der Welt*, Berlin 1997

Helga Kotthoff, *Das Gelächter der Geschlechter. Humor und Macht in Gesprächen von Männern und Frauen*, Konstanz 1996

Edmund Lauf, *Gerücht und Klatsch. Die Diffusion der »abgerissenen Hand«*, Berlin 1990
Kai Lehmann & Michael Schetsche (Hg.), *Die Google-Gesellschaft. Vom digitalen Wandel des Wissens*, Bielefeld 2005
Pierre Lévy, *Die Kollektive Intelligenz. Eine Anthropologie des Cyberspace*, Mannheim 1997
Niklas Luhmann, *Die Wirtschaft der Gesellschaft*, Frankfurt am Main 1988
ders., *Die Wissenschaft der Gesellschaft*, Frankfurt am Main 1990
ders., *Die Realität der Massenmedien*, Opladen 1995
ders., *Die Gesellschaft der Gesellschaft*, Frankfurt am Main 1997
ders., *Die Politik der Gesellschaft*, Frankfurt am Main 2000
ders., *Die Religion der Gesellschaft*, Frankfurt am Main 2000
Friedemann Mattern (Hg.), *Total vernetzt. Szenarien einer informatisierten Welt*, Heidelberg 2003
Herrmann Mostar, *Weltgeschichte höchst privat. Ein Buch von Liebe, Klatsch und sonstigen Menschlichkeiten*, München 1982
Hans-Joachim Neubauer, *Fama. Eine Geschichte des Gerüchts*, Berlin 1998
Elisabeth Noelle-Neumann, *Die Schweigespirale. Öffentliche Meinung – unsere soziale Haut*, München 1980
Ralf L. Rosnow & Gary Alan Fine, *Rumor and Gossip. The Social Psychology of Hearsay*, New York/Oxford/Amsterdam 1976
Thomas C. Schelling, *Micromotives and Macrobehavior*, New York/London 1978
Siegfried J. Schmidt & Brigitte Spieß (Hg.), *Werbung, Medien und Kultur*, Opladen 1995
Ulrich Schneider, *Der Januskopf der Prominenz. Zum ambivalenten Verhältnis von Privatheit und Öffentlichkeit*, Wiesbaden 2004
Horst Schuh, *Das Gerücht. Psychologie des Gerüchts im Kriege*, München 1981
Elaine Showalter, *Hystorien. Hysterische Epidemien im Zeitalter der Medien*, Berlin 1999
Georg Simmel, *Soziologie. Untersuchungen über die Formen der Vergesellschaftung*, Berlin 1968
James Surowiecki, *Die Weisheit der Vielen. Warum Gruppen klüger sind als Einzelne und wie wir das kollektive Wissen für unser wirtschaftliches, soziales und politisches Handeln nutzen können*, Gütersloh 2005
Claus Thiele-Dohrmann, *Eine kleine Geschichte des Klatsches. Der Charme des Indiskreten*, Düsseldorf 1995
Cornelia Topf, *Klatsch und Tratsch. Die clevere Form der Kommunikation*, Hamburg 2005
Martin Urban, *Warum der Mensch glaubt. Von der Suche nach dem Sinn*, Berlin 2005
Mark van Huisseling, *How to be a Star*, Zürich 2006

Stefan Weber, *Das Google-Copy-Paste-Syndrom. Wie Netzplagiate Ausbildung und Wissen gefährden*, Hannover 2008
Michael Weithmann, *Xantippe und Sokrates. Ein Beitrag zu höherem historischem Klatsch. Eros, Ehe, Sex und Gender im antiken Athen*, München 2003
Rayk Wieland (Hg.), *The Neurose of England. Massen, Medien, Mythen nach dem Tod von Lady Di*, Hamburg 1998
Wolfgang Wippermann, *Agenten des Bösen. Verschwörungstheorien von Luther bis heute*, Berlin 2007

Namenregister

Der Autor

Christian Schuldt, geboren 1970, studierte Anglistik, Germanistik und Soziologie. Er arbeitete als freiberuflicher Journalist und Redakteur für diverse Zeitungen und Magazine. Als Stellvertretender Chefredakteur von Bunte.de erkundete er fünf Jahre lang die Gesetzmäßigkeiten des Medienklatsches. Heute ist er Redaktionsleiter von Brigitte.de. Er lebt in Hamburg.

Bücher:
Systemtheorie, Hamburg 2003 u. 2006
Selbstbeobachtung und die Evolution des Kunstsystems, Bielefeld 2005
Der Code des Herzens. Liebe und Sex in den Zeiten maximaler Möglichkeiten, Frankfurt am Main 2005